スピード攻略
Webテスト

'26
年版

玉手箱

株式会社サポートシステム代表取締役
笹森貴之 著

JN016245

成美堂出版

本書を使って最短3日

多くの企業で採用される「玉手箱」

　就職活動の採用選考で使用されるテストは企業によって異なるものを使用しているため、できるだけ多くのテストの対策をしておくに越したことはありません。その中でも本書で扱う Web テスト「玉手箱」は就活生であれば対策が必須です。

　本書は、忙しい人でも効率よく対策がとれるように、「1日目 計数テスト」「2日目 言語テスト＆英語テスト」「3日目 実力模試」で構成しています。1日目・2日目では例題や練習問題で解き方や解答のコツをつかみ、3日目では本番を想定した実践問題にチャレンジします。本書を使えば「最短3日」という短期間で対策できますので、効率よく学習を進めましょう。

「玉手箱」は対策しやすい！

　「玉手箱」の特徴は、1つの問題形式につき複数問出題される点です。そのため、解き方がわかればその繰り返しで、対策がしやすいテストだといえます。本書は赤シートに対応していますので、解答や解説を隠して、繰り返し学習するとより効果的です。問題に慣れれば慣れるほど、テストを突破しやすくなります。

> 本書を使えば、忙しい人でも短期間で対策できます。「玉手箱」で出題される問題を幅広くカバーしています。繰り返し学習すればより効果的です！

で「玉手箱」を攻略！

本書が「玉手箱」に強い３つのポイント

ポイント 1 計数・言語・英語の３分野をバランスよく掲載！

　玉手箱は、**計数問題・言語問題・英語問題**の３分野で構成されています。本書は計数・言語・英語の３分野のどれかに偏ることなく、**バランスよく問題を掲載**しています。繰り返し問題を解くことで、苦手分野を克服しましょう。

ポイント 2 問題形式ごとに対策のポイントを掲載！

　「図表の読み取り」「表の穴埋め」「GAB形式」「IMAGES形式」など、**問題形式ごとに解答のポイントを掲載**しています。就活生の中には、「言語は得意だけど、計数は苦手…」という人も少なくありません。本書では、**計数問題は例題を掲載して解答の流れを丁寧に解説**していますので、計数問題が苦手な人でも安心です。

ポイント 3 赤シート対応＆別冊で使いやすさ抜群！

　「１日目 計数テスト」「２日目 言語テスト＆英語テスト」の例題や練習問題は、解答・解説が次のページに掲載されているので、解法を確認しながら解いたり、解答のコツを見返したりして読み進められる構成になっています。解答やポイントを付属の赤シートで隠しながら、どんどん問題を解いていきましょう。

　また、「３日目 実力模試」の解答・解説は取り外せる別冊となっていますので、使いやすさも抜群です。もちろん別冊も解答・ポイントを隠せる赤シート対応だから、学習効率も大幅アップ！

はじめに

　新卒採用において、Webテストは定着しました。いわゆる「就活」の時期に受検の機会があるだけでなく、場合によってはインターンシップでの選考でも受検を課される場合があります。

　加えて、2020年以降は新型コロナウイルス感染症の感染拡大の影響も大きく、オンラインでのWebテストのニーズが高まったこともあり、従来は「ペーパーテスト」で実施されていた各種テストもWebテスト版が普及しました。このような状況もあり、就活では**筆記試験対策としてWebテストの対策は必須**となったといえるでしょう。

　これから筆記試験の対策を進める就活生にとって、Webテストの対策を最も効率よく行うためには、受検の可能性が高い（市場シェアの大きい）Webテストから優先的に学習を進めることが有効です。

　本書で取り上げる、日本エス・エイチ・エルの「玉手箱」は、リクルートマネジメントソリューションズの「SPI」と同様に市場シェアが高く、実際に就活を行った学生からも、**「SPIよりも玉手箱のほうが受検の機会が多かった」**という声をよく聞きます。そのため、現在ではSPI対策と同様に、玉手箱の対策をしっかり行う必要があります。

　また、「玉手箱は圧倒的に時間が足りなかった」「よく見れば簡単だけど慣れていないと解けない」といった感想もよく聞かれます。

　本書では玉手箱について、**計数・言語・英語の各出題パターンに分けて実践的な対策がとれるように**構成しています。本書を活用する皆さんが、出題問題の特徴をつかみ、「攻略のコツ」をつかんでいただけることを、また就職活動で希望どおりの結果を得られることを願っております。

2024年4月
(株)サポートシステム 代表取締役 笹森 貴之

本書の特長と使い方

多くの企業で採用される「玉手箱」を丁寧に解説

　本書は、Web テストの中でも多くの企業で採用されている『玉手箱』について、わかりやすく解説した書籍です。実際の企業での出題実績を独自に調査して、出題頻度の高い問題を集めています。

> 実際の問題を参考に設定した、問題を解くための目安時間

> 解答を速やかに導き出すための着眼点やテクニックを解説

計数 練習問題 図表の読み取り（3）　Check □□□

問題3　⏱解答時間 45 秒

グラフを見て次の問いに答えなさい。

【ヨーロッパ各国の自動車生産台数の推移】

（グラフ）
ドイツ：56.9、59.4
スペイン：28.5、24.0
ロシア：11.2、18.9
フランス：31.8、18.2
イギリス：19.7、16.0
チェコ：3.8、12.5
ポーランド：5.7、5.9
イタリア：17.0、7.0
ベルギー：10.2、5.2
スウェーデン：2.5、1.5

※グラフ中の数値は（国名：1999年、2014年）

グラフ中の10カ国のうち、1999年と2014年における自動車の生産台数減少率が3番目に大きいのはどの国か。以下の選択肢の中から1つ選びなさい。

- ○ ドイツ
- ○ フランス
- ○ イタリア
- ○ ロシア
- ○ スウェーデン

44

解答・解説

　1999 年と 2014 年における自動車の生産台数減少率が大きい国について問われているため、2014 年の生産台数のほうが多いドイツ、ロシア、チェコ、ポーランドは対象から外され、スペイン、フランス、イギリス、イタリア、ベルギー、スウェーデンの 6 カ国についてのみ検討すればよい。

　生産台数減少率は、（「2014 年の台数」ー「1999 年の台数」）÷「1999年の台数」× 100 で求められる。6 カ国について公式にあてはめて計算すると、

　イタリア：$(7.0-17.0) \div 17.0 \times 100 = -10.0 \div 17.0 \times 100 ≒ -58.8\%$
　ベルギー：$(5.2-10.2) \div 10.2 \times 100 = -5.0 \div 10.2 \times 100 ≒$
　スペイン：$(24.0-28.5) \div 28.5 \times 100 = -4.5 \div 28.5 \times 100 ≒$
　フランス：$(18.2-31.8) \div 31.8 \times 100 = -13.6 \div 31.8 \times 100 ≒$
　イギリス：$(16.0-19.7) \div 19.7 \times 100 = -3.7 \div 19.7 \times 100 ≒$
　スウェーデン：$(1.5-2.5) \div 2.5 \times 100 = -1.0 \div 2.5 \times 100 ≒$
となる。

　よって、減少率が 3 番目に大きいのは　　　　　　である。

　なお、1999 年と 2014 年の数値を単純に比較した場合、イタリアだけは 17.0 → 7.0 と半分以下になっていることから減少率が 1 位であると目星をつけることができる。また、スペイン（28.5 → 24.0）とイギリス（19.7 → 16.0）は減り方が小さいため、減少率が 3 位以上に該当してはならないと推測することができる。

　このように計算をせずに対象外の国の目星をつけることで、時間の短縮を図ることも重要である。

正解　□

45

2章 「1日で対策→1日」試験テストの解答のコツ

> 出題頻度の高い問題を厳選して収録

> 解説や解答の赤文字部分は、付属の赤シートで隠すことができる。復習にも便利

> 4章の「実力模試にチャレンジ」は、別冊で解答・解説を用意しました。本番を意識した問題を解いたあとは、別冊の解答・解説でしっかり答えあわせをしておきましょう。

CONTENTS 目次

1章 玉手箱について

2章 【3日で対策 1日目】計数テストの解答のコツ

3章 【3日で対策 2日目】言語テスト＆英語テストの解答のコツ

4章 【3日で対策 3日目】実力模試にチャレンジ

1章

玉手箱に
ついて

CONTENTS

Webテストとは？

企業の就職試験で採用が増加中

　採用選考において、これまでは SPI テストや一般常識テストなど、会場を設けてのペーパーテストが行われるのが通例でしたが、**近年はパソコンを利用して受検する Web テストがメイン**になっています。

　Web テストは従来のペーパーテストと異なり、会場を設置したり試験監督を手配したりする必要がありません。また、採点や集計もコンピュータ処理で、企業側にとっても多くのメリットがあります。

◆ Web テストを利用した採用選考の流れ（一例）

（ID・パスワード取得）プレエントリー ➡ エントリーシート作成・提出 ➡ Webテスト受検 ➡ 会社説明会・セミナー ➡ 一次〜三次面接 ➡ 重役（最終）面接 ➡ 内定

Web テストの受検時期

　Web テストは、たいていの場合、**採用試験の初期段階に行われます**。「リクナビ」「マイナビ」などの就職サイトや、企業のホームページからエントリーすると、求人応募資格として ID・パスワードが発行されます。

　すると、企業側から「いつまでに受検してください」と一定の期間が提示されます。多くは会社説明会の前後のタイミングで、提示された ID・パスワードを使ってサイトに入り、案内に従って受検します。

エントリー ➡ ID・パスワード取得 ➡ Web テスト受検

ワンポイントアドバイス

期間終了間際の受検はできる限り避けて！
パソコンを使って受検するため、通信状態が悪かったりパソコン
に不具合が起こったりするなどのトラブルが考えられます。そん
なとき、期間終了間際だと、とっさの対応が難しくなってしまい
ます。リスク軽減のためにも、余裕のある受検を心がけましょう。

Web テストの結果で「絞り込み」

　Web テストでは、企業ごとに「合格ライン」となる偏差値を想定して
いる場合が多く、特に人気企業の場合だと、**面接試験の前に行う Web
テストの結果で、受検者の絞り込みをする**ケースもあります。

　また、**Web テストの成績や出力された各人の特性（基礎学力、性格、
職務資質など）を、面接の資料として利用する**場合もあります。

　最後に、面接まで進んだものの、Web テストの偏差値が原因で最終的
には落とされてしまうケースも、毎年多く見られます。受検タイミング
によっては、Web テストの結果が出る前に面接試験に進んだものの、面
接のあとに出たテスト結果が原因で不合格になるケースもあります。

　なお、近年ではインターンシップの人気の高まりから、インターンシッ
プに応募した就活生を Web テストで選考する企業も増えています。そ
の点からも早めの対策が求められます。

Webテストの種類

自宅受検と会場受検

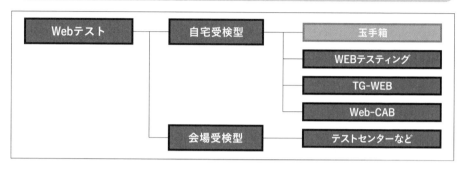

　Webテスト受検の形式には、**自宅受検型**と**会場受検型**があります。

●１：自宅受検型

　自宅型の場合は、IDとパスワードさえあれば、自宅に限らずどこからでも受検できます。主なものとして、本書で扱う「**玉手箱**」のほか、「**WEBテスティング**」「**TG-WEB**」「**Web-CAB**」などがあります。

　一定期間内であれば「いつでも・どこでも」受検できるため、受検機会を多くの受検者に与えることができるという長所があります。また、企業側にとっても会場設置などの手間が省け、たくさんの人材を広く確保するチャンスになります。

　これまでは、友人や知人がなりすまして受検する「替え玉受検」も不可能ではない点が、デメリットとして挙げられていましたが、AIなどで不正を監視するテストが増えてきています。

●２：会場受検型

　会場を設けて本人確認を行うのが、**会場型のWebテスト**です。会場型では SPI 型の「**テストセンター**」が他の試験に先行してシェアを伸ばしてきましたが、TG-WEB なども会場受検型のテストを実施しています。

　また、会場受検型としてテストセンター会場で受検する「**C-GAB**」と「C-CAB」があります。C-GAB は新卒総合職向けのペーパーテスト「GAB」の Web テスト版とされていますが、問題構成としては玉手箱の出題形式を踏襲しているといわれます（「C-GAB plus」として、オンライン監

視型 Web 会場での受検も可能。P.54 のコラム参照)。一方、**C-CAB** は、IT 関連職の適性を診断する「**CAB**」の Web テスト版で、近年実施されるようになりました。どちらも性格検査は事前に**自宅**で受検し、会場では知的能力検査のみを受検します（試験時間は**約 I 時間**）。

※近年、WEB テスティングや SPI 型のテストセンターのオンライン会場、「C-GAB plus」、「TG-WEB eye」などの**オンライン監視型** Web テストを導入する企業が増えています。不正防止のため、カメラを通して、試験官や AI がテストの様子を監視するしくみで、あらかじめ指定された使用機器や室内環境の準備が必要です。

受検対策の立て方

　Web テストの種類は多岐にわたっているうえ、企業ごとに採用しているテストの種類は異なりますので**主要な Web テスト**の対策をしておくに越したことはありません。本書で扱う「**玉手箱**」はその筆頭といえます。

　また、志望企業が昨年使用した Web テストがわかっていれば、**今年も同じ Web テスト**が使われると予測でき、対策がとれます。ただし、あえて前年度とは違う種類のテストを採用する企業もありますので、受検するテストを 100％の確率で予測することは不可能です。

テストの種類の判断方法

　なお、エントリーのあとならば、**受検する Web テストの種類を見分ける**ことができます。そのためには、**テストのオープニング画面（説明画面）**を事前に見ておくこと。ここでテストの種類を判断できます。

　Web テストの場合、受検するホームページにアクセスし、ID・パスワードを入力すると、オープニング画面（説明画面）が現れます。

　即座にテストを始めてしまうと中断はできませんが、**始める前の説明画面の段階なら、ストップしておくことが可能**※です。

※テストの種類によってはできない可能性もあります。

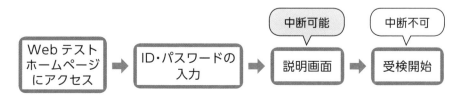

オープニング画面のどこを見るか

　Webテストのオープニング画面には問題数や注意点などが書かれていますが、「玉手箱」「WEBテスティング」などのテストの名称が明記されているわけではありません。**説明の記載からテストの特徴を読み取り、テストの種類を特定**しましょう。「玉手箱」のオープニング画面には、「**計数理解**」「**言語理解**」「**英語理解**」などの表現があるのが特徴です。これらの表現があれば、「玉手箱」だと判断しましょう。

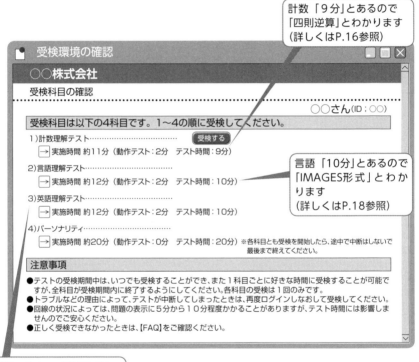

計数「9分」とあるので
「四則逆算」とわかります
（詳しくはP.16参照）

> ○○**株式会社**
>
> 受検科目の確認
>
> ○○さん(ID：○○)
>
> 受検科目は以下の4科目です。1〜4の順に受検してください。
>
> 1）計数理解テスト・・・・・・・・・・・・・・・・・・・・・・・・・・・　受検する
> 　→ 実施時間 約11分（動作テスト：2分　テスト時間：9分）
>
> 2）言語理解テスト・・・・・・・・・・・・・・・・・・・・・・・・・・・・・・・・・・・・・
> 　→ 実施時間 約12分（動作テスト：2分　テスト時間：10分）
>
> 3）英語理解テスト・・・・・・・・・・・・・・・・・・・・・・・・・・・・・・・・・・・・・
> 　→ 実施時間 約12分（動作テスト：2分　テスト時間：10分）
>
> 4）パーソナリティ・・・・・・・・・・・・・・・・・・・・・・・・・・・・・・・・・・・・・
> 　→ 実施時間 約20分（動作テスト：0分　テスト時間：20分）※各科目とも受検を開始したら、途中で中断はしないで最後まで終えてください。
>
> **注意事項**
> ●テストの受検期間中は、いつでも受検することができ、また1科目ごとに好きな時間に受検することが可能ですが、全科目が受検期間内に終了するようにしてください。各科目の受検は1回のみです。
> ●トラブルなどの理由によって、テストが中断してしまったときは、再度ログインしなおして受検してください。
> ●回線の状況によっては、問題の表示に5分から10分程度かかることがありますが、テスト時間には影響しませんのでご安心ください。
> ●正しく受検できなかったときは、【FAQ】をご確認ください。

言語「10分」とあるので
「IMAGES形式」とわか
ります
（詳しくはP.18参照）

言語のあとに「英語」がある
場合とない場合があります

SPIのWebテスト版である「WEBテスティング」
は、「基礎能力検査（約35分）」「性格適性検査（約
30分）」「非言語検査」などの表現がオープニン
グ画面にあるのが特徴です。

玉手箱とは？

　「玉手箱」とは、日本エス・エイチ・エル株式会社（日本 SHL）が開発した Web テストです。「玉手箱」は＜知的能力＞と＜性格検査＞で構成されており、2 つの結果で受検者を判定します。

知的能力
・計数
・言語
・英語

性格検査
・性格
　（パーソナリティ）
・意欲
　（モチベーション）

　＜知的能力＞検査は**計数、言語、英語**の 3 分野から出題されます。問題形式は、それぞれ以下の通りです。

玉手箱のテスト構成				
科目名		**形式**	**問題数**	**制限時間**
知的能力	計 数	四則逆算	50問	9分
		図表の読み取り	29問（40問もあり）	15分（35分）
		表の穴埋め	20問（35問もあり）	20分（35分）
	言 語	GAB形式	32問（36問、52問もあり）	15分（25分）
		IMAGES形式	32問	10分
		趣旨把握形式	10問	12分
	英 語	GAB形式	24問	10分
		IMAGES形式	24問	10分
性格検査	性 格（パーソナリティ）	本格版	68問	約20分
		簡易版	30問	制限なし
	意 欲（モチベーション）	本格版	36問	約15分
		簡易版	36問あるいは48問	制限なし

※性格テスト・意欲テストの制限時間は、標準的な回答時間を記載。
※それぞれの問題数、制限時間は、企業によって異なるケースもあります。

計数問題

　四則逆算、図表の読み取り、表の穴埋めの３タイプのなかから、１つのタイプが出題されます。

　各問題形式で制限時間が違うため、オープニング画面（説明画面）において、制限時間から出題形式を推測することができます。９分ならば四則逆算、15分なら図表の読み取り、20分なら表の穴埋めです。

問題形式		問題数	時間
四則逆算	計算問題の式の中に空欄があり、空欄に当てはまる数値を逆算するもの	50問	9分
図表の読み取り	図や表が与えられ、その図や表から読み取れる内容を選択肢から選ぶもの	29問	15分
表の穴埋め	表が与えられるが、一部に「？」マークのある空欄があり、その「？」に入る数値を推測するもの	20問	20分

【解答のポイント】

◆四則逆算

　計算自体は単純ですが、50問あって制限時間が９分しか与えられていないため**スピード勝負**の分野になります。電卓や計算用紙を有効活用して、素早く計算しましょう。

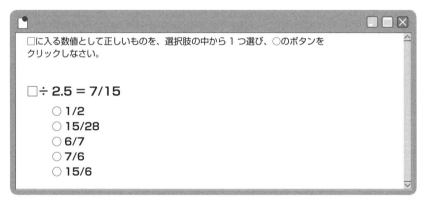

□に入る数値として正しいものを、選択肢の中から１つ選び、○のボタンをクリックしなさい。

$□ ÷ 2.5 = 7/15$

○ 1/2
○ 15/28
○ 6/7
○ 7/6
○ 15/6

★★★ 攻略ポイント ★★★

★**スピード勝負！　１問でも多く解答しよう。**
★**計算力に自信がない人は、練習を繰り返すことが重要。**

◆図表の読み取り

　増減率や割合（%）、数値の比較などが必要な問題が多いため、計算式を立てるのに必要な数値を、表から効率よく見つけ出すことが重要です。
　この形式の問題に不慣れな人ほど、苦手意識を持つ分野です。

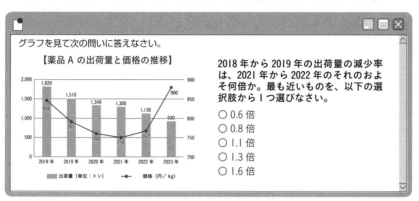

★★★ 攻略ポイント ★★★

★設問パターンに数多く触れて問題慣れしておこう。
★図表の中で必要な情報と不必要な情報がある。すべてを見ずに、必要な情報に絞って計算式を立てることが重要。

◆表の穴埋め

　計算して数値を推測するタイプの問題や、当てはまる数値の範囲を数値を並べて推測するタイプの問題などが出題されます。
　図表の読み取り同様、苦手意識を持っている人が多い分野です。練習問題をたくさん解いて、「設問パターン」に慣れておくといいでしょう。

商業ビルを建てるための土地として5つの候補地がある。

【土地の価格表】

	A	B	C	D	E
広さ（坪）	160	110	100	120	130
価格（万円）	8,960	5,720	5,000	?	5,200
駅からの徒歩時間（分）	2	4	5	8	10

Dの土地の価格はいくらと推測できるか。
○ 5,020万円
○ 5,280万円
○ 5,420万円
○ 5,780万円
○ 6,000万円

言語問題

　GAB形式、IMAGES形式、趣旨把握形式の3タイプがありますが、出題されるのはどれか1つのタイプになります。これも計数問題と同様、オープニング画面において、制限時間から、いずれのタイプかを判断することができます。

　文章は、難解なものは出題されておらず、読みやすい内容です。しかし制限時間は短いので、**速読・速解**を心がけましょう。

問題形式		問題数	時間
GAB形式	問題文から論理的に考える問題(3択) A．明らかに正しい B．明らかに間違っている C．問題文からだけでは論理的に判断できない	32問	15分
IMAGES形式	問題文で最も訴えたいこと(趣旨)をとらえる問題(3択) A．筆者が最も訴えたいこと B．文章に書かれているが、最も訴えたいことではない C．長文と無関係	32問	10分
趣旨把握形式※	4つの選択肢の中から、 筆者の訴えに最も近いものを選ぶ問題	10問	12分

※趣旨把握形式は、ここ数年出題が確認できていません。

【解答のポイント】

◆ GAB 形式

　600字前後の長文（問題文）に対し、4つの設問が用意されています。その設問が、以下の3択のどれに当てはまるかを答える問題です。

　A　文脈の論理から明らかに正しい。または正しい内容を含んでいる。
　B　文脈の論理から明らかに間違っている。または間違った内容を含んでいる。
　C　問題文の内容からだけでは、設問文は論理的に導けない。

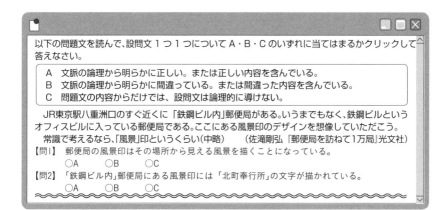

以下の問題文を読んで、設問文1つ1つについてA・B・Cのいずれに当てはまるかクリックして答えなさい。

A　文脈の論理から明らかに正しい。または正しい内容を含んでいる。
B　文脈の論理から明らかに間違っている。または間違った内容を含んでいる。
C　問題文の内容からだけでは、設問文は論理的に導けない。

　JR東京駅八重洲口のすぐ近くに「鉄鋼ビル内」郵便局がある。いうまでもなく、鉄鋼ビルというオフィスビルに入っている郵便局である。ここにある風景印のデザインを想像していただこう。
　常識で考えるなら、「風景」印というくらい(中略)　　　(佐滝剛弘『郵便局を訪ねて1万局』光文社)
【問1】　郵便局の風景印はその場所から見える風景を描くことになっている。
　　　○A　　　○B　　　○C
【問2】　「鉄鋼ビル内」郵便局にある風景印には「北町奉行所」の文字が描かれている。
　　　○A　　　○B　　　○C

★★★ 攻略ポイント ★★★

★問題文に記載されている内容のみに着目し、問題文外の記載（常識など）は考慮しない。
★問題文に記載があって、選択肢の内容通りなら「正しい」、反対のことが述べられていれば「間違っている」になる。
★問題文に記載がなければ「論理的に導けない」と判定する。
★設問文を先に読んでから問題文を読むと、時間節約になる。

◆ IMAGES 形式

　400 ～ 600 字前後の長文（本文）に対し、4 つの設問が用意されています。その設問が、以下の 3 択のどれに当てはまるかを答える問題です。

A　筆者が一番訴えたいこと（趣旨）が述べられている。
B　長文に書かれているが、一番訴えたいことではない。
C　この長文とは関係ないことが書かれている。

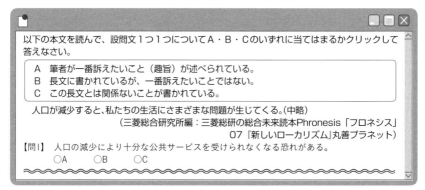

以下の本文を読んで、設問文1つ1つについてA・B・Cのいずれに当てはまるかクリックして答えなさい。

A　筆者が一番訴えたいこと（趣旨）が述べられている。
B　長文に書かれているが、一番訴えたいことではない。
C　この長文とは関係ないことが書かれている。

　人口が減少すると、私たちの生活にさまざまな問題が生じてくる。(中略)
　　　　　(三菱総合研究所編：三菱総研の総合未来読本Phronesis「フロネシス」
　　　　　　　　　　　07『新しいローカリズム』丸善プラネット)
【問1】　人口の減少により十分な公共サービスを受けられなくなる恐れがある。
　　　○A　　　○B　　　○C

★長文の趣旨（最も訴えたいこと）を把握することに注力する。
★細かな点は気にせず、趣旨を把握するように速読する。
★具体例や一般的な見解よりも筆者の主張を重要視する。

◆趣旨把握形式

　長文を読み、４つの選択肢の中から、**筆者の訴えに最も近いもの**を選ぶ問題形式です。IMAGES 形式と同様に「趣旨」をとらえる問題ですが、趣旨把握形式では、１つの長文に対し１つの設問しかありません。したがって、12 分で 10 個の設問に答えなければならないことになり、１問あたり１分 12 秒で解答していく必要があります。なお、ここ数年は出題が確認できていません。

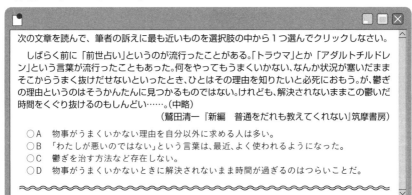

★★★ 攻略ポイント ★★★

★長文の趣旨（最も訴えたいこと）を把握することに注力する。
★「最も訴えたいこと」は、文章の前半よりも後半に述べられていることが多い。

英語問題

　英語問題には、GAB 形式と IMAGES 形式の２タイプがあります。どちらの場合も８つの長文が出題され、１つの長文につきそれぞれ３つの設問が用意されています。制限時間が 10 分と短いことから、いずれの形式も、言語問題と同じように**速読・速解**がポイントになります。

問題形式		問題数	時間
GAB形式	本文から理論的に考える問題（3択） A　明らかに正しい B　明らかに間違っている C　正しいか間違っているか判断できない	24問	10分
IMAGES形式	長文の内容について、A〜Eの5つの選択肢の中から適切なものを1つ選ぶ	24問	10分

【解答のポイント】

◆ GAB 形式

　課題の英文に対して、3つの設問が用意されています。その設問が、以下の3つの選択肢のどれに当てはまるかを答える問題です。

　A　本文の内容から論理的に考えて明らかに正しい。

　B　本文の内容から論理的に考えて明らかに間違っている。

　C　本文の内容からは、正しいか間違っているか判断できない。

　長文は全部で8本、合計24問に解答します。使われている単語や熟語はそう難しくはありませんが、意味がわからない表現にあたることもあるでしょう。しかし、**細部には**こだわらず、設問文に該当する箇所のみ理解できればいいと割り切って、効率よく進めることが大切です。

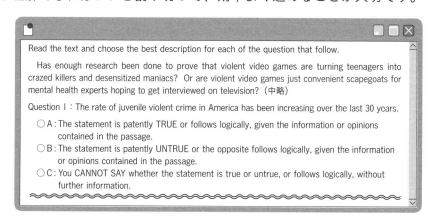

★★★ **攻略ポイント** ★★★

★**基本的な英文読解の問題で、難易度は高くない。**

★**先に設問文を読み、設問に該当する内容に絞って検討するのが効率的。**

◆ IMAGES 形式

　長文を読んで、その内容について A ～ E の 5 つの選択肢の中から適切なものを 1 つ選ぶ問題形式です。

　難易度は GAB 形式と同じくらいで、使われている単語や熟語のレベルも、GAB 形式同様、そう難しくはありません。取扱説明書や電話・メールのやりとり、工事の案内などの文章が出題されます。**短時間に内容を把握**する能力が試されます。

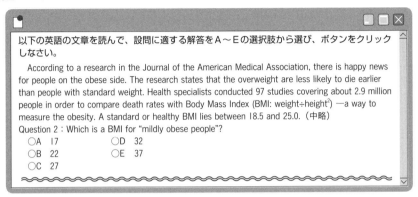

以下の英語の文章を読んで、設問に適する解答を A ～ E の選択肢から選び、ボタンをクリックしなさい。

According to a research in the Journal of the American Medical Association, there is happy news for people on the obese side. The research states that the overweight are less likely to die earlier than people with standard weight. Health specialists conducted 97 studies covering about 2.9 million people in order to compare death rates with Body Mass Index (BMI: weight÷height^2) —a way to measure the obesity. A standard or healthy BMI lies between 18.5 and 25.0. （中略）

Question 2：Which is a BMI for "mildly obese people"?

○A　17　　　　○D　32
○B　22　　　　○E　37
○C　27

★★★ **攻略ポイント** ★★★

★ **短時間に内容を大まかにつかむ速読を心がける。**
★ **設問文を先に読み、問われている内容に焦点をあてて、長文を読むようにする。**

性格検査

　性格検査は、知的能力検査の終了後に行われます。
性格（パーソナリティ）と意欲（モチベーション）の 2 種類があります。
パーソナリティの検査のみ実施する場合もありますし、パーソナリティとモチベーションの組み合わせで検査を実施する場合もあります。
◆**性格（パーソナリティ）**

問題形式		問題数	時間
本格版	各問に対し、自分の性格に合った回答が選べる。4 つの選択肢が用意されている	68問	約20分
簡易版	30 対の相反する内容の質問に、自分の性格はどちらが近いかを選んでいく	30問	制限なし

▼本格版の問題例

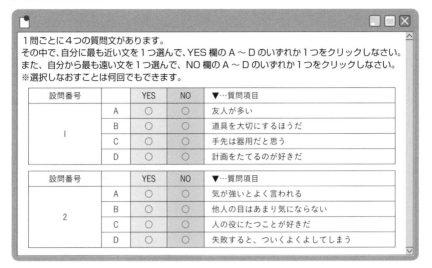

1問ごとに4つの質問文があります。
その中で、自分に最も近い文を1つ選んで、YES欄のA～Dのいずれか1つをクリックしなさい。
また、自分から最も遠い文を1つ選んで、NO欄のA～Dのいずれか1つをクリックしなさい。
※選択しなおすことは何回でもできます。

設問番号		YES	NO	▼…質問項目
Ⅰ	A	○	○	友人が多い
	B	○	○	道具を大切にするほうだ
	C	○	○	手先は器用だと思う
	D	○	○	計画をたてるのが好きだ

設問番号		YES	NO	▼…質問項目
2	A	○	○	気が強いとよく言われる
	B	○	○	他人の目はあまり気にならない
	C	○	○	人の役にたつことが好きだ
	D	○	○	失敗すると、ついくよくよしてしまう

▼簡易版の問題例

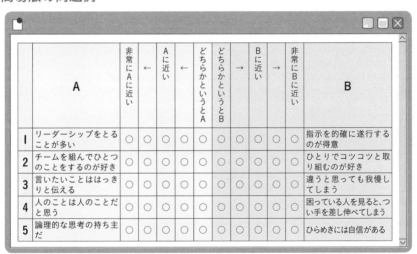

	A	非常にAに近い	←	Aに近い	←	どちらかというとA	どちらかというとB	→	Bに近い	→	非常にBに近い	B
1	リーダーシップをとることが多い	○	○	○	○	○	○	○	○	○	○	指示を的確に遂行するのが得意
2	チームを組んでひとつのことをするのが好き	○	○	○	○	○	○	○	○	○	○	ひとりでコツコツと取り組むのが好き
3	言いたいことははっきりと伝える	○	○	○	○	○	○	○	○	○	○	違うと思っても我慢してしまう
4	人のことは人のことだと思う	○	○	○	○	○	○	○	○	○	○	困っている人を見ると、つい手を差し伸べてしまう
5	論理的な思考の持ち主だ	○	○	○	○	○	○	○	○	○	○	ひらめきには自信がある

◆意欲（モチベーション）

問題形式		問題数	時間
本格版	1つの設問に対して4つの質問が用意され、自分が一番仕事で意欲を見出すことのできる環境を選ぶ	36問	約15分
簡易版	36問(18問×2)、48問(24問×2)の2つのタイプがある（内容的には変わりはない）。相反する内容の質問が2つ用意され、自分がどちらに近いかを選ぶ	36問あるいは48問	制限なし

▼本格版の問題例

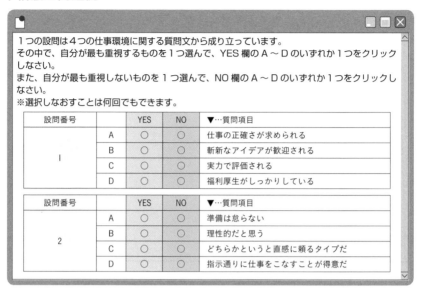

1つの設問は4つの仕事環境に関する質問文から成り立っています。
その中で、自分が最も重視するものを1つ選んで、YES欄のA～Dのいずれか1つをクリックしなさい。
また、自分が最も重視しないものを1つ選んで、NO欄のA～Dのいずれか1つをクリックしなさい。
※選択しなおすことは何回でもできます。

設問番号		YES	NO	▼…質問項目
	A	○	○	仕事の正確さが求められる
1	B	○	○	斬新なアイデアが歓迎される
	C	○	○	実力で評価される
	D	○	○	福利厚生がしっかりしている

設問番号		YES	NO	▼…質問項目
	A	○	○	準備は怠らない
2	B	○	○	理性的だと思う
	C	○	○	どちらかというと直感に頼るタイプだ
	D	○	○	指示通りに仕事をこなすことが得意だ

▼簡易版の問題例

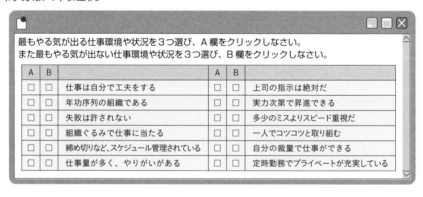

最もやる気が出る仕事環境や状況を3つ選び、A欄をクリックしなさい。
また最もやる気が出ない仕事環境や状況を3つ選び、B欄をクリックしなさい。

A	B		A	B	
☐	☐	仕事は自分で工夫をする	☐	☐	上司の指示は絶対だ
☐	☐	年功序列の組織である	☐	☐	実力次第で昇進できる
☐	☐	失敗は許されない	☐	☐	多少のミスよりスピード重視だ
☐	☐	組織ぐるみで仕事に当たる	☐	☐	一人でコツコツと取り組む
☐	☐	締め切りなど、スケジュール管理されている	☐	☐	自分の裁量で仕事ができる
☐	☐	仕事量が多く、やりがいがある	☐	☐	定時勤務でプライベートが充実している

【回答のポイント】

　就職試験における性格テストは、単に受検者の性格を測定するだけではなく、**企業が求める人材かどうかを判定するための**ものです。「職務意欲が低い」「向上心がない」などのテスト結果が出た場合は、「企業が求める人材に合致しない」ことを理由に、落とされる場合もあります。

　そこで、企業研究を行い、「志望企業で求められる人物像」を探って、その人物像に合致する性格だと判定されるような回答をしていけば、性

格テストで落とされる可能性は低くなります。本来の自分とあまりにかけ離れた答えを選ぶ必要はありませんが、**企業の求める人物像に合わせていくこと**は、就職試験対策上、大変重要なことです。

　企業研究を行う中で、その企業に入って活躍しているイメージが、皆さんの頭に浮かぶはずです。その「前向きに生き生きと自分の能力を発揮できている姿」を前提に回答するとよいでしょう。

　以下に、各テストの判断基準を一覧にしています。たとえば、選択肢で「どちらかというと論理的である」を選択すると論理的であると判断される、「交渉ごとが得意だ」を選択すると「説得力・交渉力がある」と判断されるということです。

▼性格テスト（パーソナリティ）の判断基準

論理的	どちらかというと論理的である／論理的な思考の持ち主だ／問題を論理的に解決する	説得力・交渉力	交渉ごとが得意だ／交渉ごとが好きだ／人を説得するのが得意だ／自己PRがうまい／企画の売り込みが得意だ／ものを売るのが好きだ／説得力がある／自分の意見を主張するのが得意だ／新しいプランを人にアピールできる／新しいアイデアを売り込むのが好きだ
緻密さ	緻密さを必要とする仕事が好きだ／緻密な作業が得意だ／細かいことにも注意を払うことができる／細かい確認作業を怠らない／正確さが第一／見直し作業を怠らない／正確さが求められる仕事が好き／几帳面である／細かいところにも気を配る	計画性	計画を立てるのが得意だ／前もって準備するタイプだ／事前に計画を立てる／いつでも先の見通しを立てている／計画や段取りを立てるのが好きだ／計画を大事にする／まずは計画が第一である／よいプランをどんどん出せる／事前によく考える
オリジナリティ	独創性がある／自分のやり方にこだわる／物事を自分のやり方で進めたいと思う／自分の考えで行動し、反対されても自分の考えを貫ける／独自のアイデアを常にもっている／自分の判断基準をもっている／批判を気にせず自分を信じて行動する／斬新な考えをしている／まわりの意見に左右されない／独創的な解決策を思いつく	指導力	人をうまく動かすことができる／人に指図して仕事をするのが得意だ／人の上に立つのが好きだ／まとめ役であることが多い／話の中心になっているのが好きだ／意見をまとめるのが得意だ／チームのリーダー格に抜擢されやすい
時間感覚	時間を厳守する／締切日は絶対に守る／締め切りは守らなければならないと思う	リラックス	気持ちの切り替えが早い方だ／すぐにリラックスする／あまり緊張しない／常に気持ちに余裕がある
創造性	新しいアイデアをよく思いつく／創意工夫に富んでいる／名案が突然ひらめく	外交的・社交的	人前で自信をもって振舞うことができる／率直でユーモアがある／まわりの人を楽しませるのが好きだ／人と話すのが好きだ／人と話すのが楽しい
社会性・人前での表現力	人前での説明が得意だ／挨拶やスピーチは苦にならない／人前で発表することが得意だ／公式な場で挨拶をするのが好きだ／たくさんの人の前で話すのが好きだ	友好的・集団性	何でも話せる友人が多数いる／友人と遊ぶのが好きだ／友人といることが多い／人と親密なつきあいができる／休日は友人と一緒にいる／誰とでも仲良くなれる／人と一緒にいるのが好きだ
謙虚さ	自分の成功を自慢しない／謙虚である／感情を表に出すのが苦手だ／どちらかというと控えめだ／自慢は好きではない／自分の成果を自慢しない／成果は心に秘めておく	心配性	物事がうまくいくかどうか不安なタイプだ／仕事がうまくいっているかどうか心配である／予定通りいかないと心配になる／物事の行く先が気になる／悩みごとがあるとリラックスできない／仕事のことが休みの日でも気にかかる／注意深い

仕事への志向	困難な目標を達成することにやりがいを覚える／目標に向けて努力できる／仕事をあきらめない／仕事は全力でやり抜く／高い目標を設定している／目標は達成しなければ納得しない／高い目標でも努力して達成できる／複雑な問題でもあきらめない／物事をきちんとしないと気が済まない／人よりも上昇志向が強い	精神的強さ	失敗しても落ち込まない／物事を悲観的に見ない／中傷されても適切に対応できる／精神的にタフである／人にどう思われても気にならない／精神的に強い／動じないタイプだ／批判されても動じない
人への配慮・気づかい	人の相談に親身になって対応する／世話好きである／人のことを気づかう／人に力を貸すのを厭わない／まわりの人へのサポートを惜しまない／後輩の面倒見がいい／気配りが得意	周囲との協調性	人と事を成し遂げるのが好きだ／仲間と相談して決める／行動する際は人の意見に耳を傾ける／話し合いで決めることを好む／問題があれば話し合って解決する／人の意見をよく聞く／人と相談して計画を立てる／人と協議して物事を決める
作業の志向	パソコンなどの機器を使うのが得意だ／具体的な作業を伴う仕事が好きだ／手先を使う細かい仕事が好きだ／パソコンなどの機器を好んで使う／壊れたものを直すのが得意だ／緻密さでは人には負けない／手作業が好きだ／具体的な作業が得意だ／抽象的なものに関心が低い	数値への志向	数学が得意である／統計を扱うのが得意だ／表やグラフを作ったりするのが好きだ／データを集めたり分析したりするのが得意だ／数字やデータを用いるのを得意とする／数学的なセンスをもっている
感情の起伏	自分の感情を抑えることができる／怒りをコントロールできる／他の人への怒りをあらわにしない／感情を顔に出さない／人前で怒らない	楽観的	楽観的に物事を進める方だ／楽観的なタイプだ／何事にも楽観的である／失敗しても気落ちしない／問題が起きても悲観的にならない
批判性	相手の話の矛盾を見抜ける／話の矛盾が気になる／議論の矛盾点に気づく／相手の議論の弱点がわかる	芸術的な志向	美的センスに自信がある／画家や音楽家を尊敬している／音楽が好きである／芸術に関心がある／絵への関心が強い／映画をよく観にいく／芸術に理解がある／抽象的な論理や思考を好む
人間への志向	人のことを分析するのが得意／人の言動の分析が得意だ／人の行動を分析しがちである／分析を好む／自分の行動を冷静に分析できる／人の行動をよく観察している	保守的	確実な方法を選ぶ／古いものに価値観を見出す／従来のやり方に従う／既に確立された手法を好む／やり慣れた方法を好む／保守的である／安定を求める／独自のやり方を求めない／どちらかというと勤勉である
行動力	知らない場所を訪ねるのが好きだ／休みは活動的に過ごすことを好む／高いところへ登っていられないタイプだ／運動が好き／身体を動かすのが好きだ	決断力	すぐに答えが出せる／判断が素早い／状況判断が正確で早い／意志決定をするのが早い
競争心	負けず嫌いだ／人に負けるのが嫌いだ／勝負には特にこだわる／負けたくないという気持ちが強い／人と争うのが面白い	対応力	変化を厭わない／未経験を苦にしない／新しいことにチャレンジするのが好きだ／好奇心が人よりも強い／いろいろなことに取り組むのが好きだ／未経験のことをやるのが好きだ／変化が好きだ

▼意欲テスト（モチベーション）の判断基準

（　）内の答えを選ぶと、マイナス評価されることもあるので注意！

活力	スピードが重視される（落ち着いて仕事に取り組める）	成長	新しい技術や知識を学べる（勉強をするのは任意である）
達成	数値による目標が与えられる（仕事上でのハッキリした目標がない）	柔軟性	柔軟性を必要とされる（仕事の仕方が決まっている）
競争	競争が激しい環境にある（仕事を自分のペースで行える）	自主性	自分の考えるやり方で仕事ができる（上司の指示に従って仕事をする）
失敗	失敗が許されない仕事である（失敗しても責任が問われない仕事である）	階層	自分の地位の重要性が認められる（上下関係がほとんどない）
権限	他人に影響力がある（責任も権限もない）	帰属	チームワークによる仕事が多い（1人で行う仕事が中心である）
没頭	仕事量が多く、時間を忘れて仕事をする（プライベートな時間を多く取れる）	認知	評価・報奨の環境が整っている（評価が公表されない）
利潤	利益への意識が求められる（利益を意識する必要がない）	倫理	仕事で社会的に貢献している（倫理や原則にはこだわらない）
報酬	成績次第で収入が変わってくる（成績がよくても収入は変わらない）	安定・快適	福利厚生が整備されている（いつどうなるかわからない仕事環境である）
昇進	昇進の機会に恵まれている（昇進は年功序列である）	興味	仕事上での毎日の変化が激しい（定型的な仕事である）

2章

【3日で対策　1日目】
計数テストの解答のコツ

CONTENTS

🔍 四則逆算

四則逆算は、□の中の数字を求める問題です。9分間で50問と、短時間に多くの問題を解く必要があります。集中力も必要になりますので、対策をする際は一度に多くの問題を解くようにしましょう。

★ **四則逆算を解くポイント**

① □＝〜と直すことにこだわらない
② □を含むまとまりでとらえる
③ 概算で十分な問題もある

頻出問題

［例題］□に入る数値として正しいものを、選択肢の中から1つ選びなさい。

1 5 ÷ 18 ＝ 1 / 3 × □

○1 / 4　○2 / 3　○5 / 6　○6 / 5　○3 / 2

2 32 − 4 × □ ＝ 20

○2　○3　○4　○5　○6

3 0.03 ＝ 15 ÷ □

○0.5　○5　○50　○500　○5000

4 □ × 21 ＝ 18 × □ ＋ 39　（□には同じ値が入る）

○13　○14　○15　○16　○17

解答のコツ

1 割り算を分数で表すと、$5 \div 18 = \dfrac{5}{18}$ であるから、

$\dfrac{5}{18} = \dfrac{1}{3} \times \square$ となる。

$\dfrac{1}{3}$ に $\square$ を掛けて $\dfrac{5}{18}$ になる分数を求めるため、

分子を A、分母を B とし、$\square = \dfrac{A}{B}$ と考えれば、

分子は $5 = 1 \times A$、分母は $18 = 3 \times B$ となり、$A = 5$、$B = 6$

したがって、$\square = \dfrac{5}{6}$

$\dfrac{5}{18} = \dfrac{\boxed{1} \times \boxed{A}}{\boxed{3} \times \boxed{B}}$ … $1 \times A = 5$
… $3 \times B = 18$

正解 $\boxed{5 / 6}$

2 「$4 \times \square$」のまとまりで考えてみる。

計算しやすいように $-4 \times \square$ を右辺に、20 を左辺に移項する。

符号が変わるので（**＋はー、ーは＋**）、$32 - 20 = 4 \times \square$ となり、

$12 = 4 \times \square$ であることがわかる。

$4 \times 3 = 12$ なので、$\square = 3$

正解 $\boxed{3}$

3 分数を使って式を変形すれば、$0.03 = \dfrac{3}{100}$、$15 \div \square = \dfrac{15}{\square}$ となる

ので、$\dfrac{3}{100} = \dfrac{15}{\square}$ 。分子に注目すると、3 は 5 倍されて 15 と

なっているので、分母の 100 も 5 倍された数が
$\square$ とわかる。したがって、$\square = 500$

正解 $\boxed{500}$

4 2 つの $\square$ には同じ数が入るので、式をまとめて $\square$ を 1 つにしてみる。

$\square$ を含む項を左辺へ移項すると、$\square \times 21 - 18 \times \square = 39$

ここで、$\square$ を共通因数ととらえて因数分解をしてみると、

$\square \times (21 - 18) = 39$　　$\square \times 3 = 39$

よって、$\square = 39 \div 3 = 13$

正解 $\boxed{13}$

アドバイス

「玉手箱」は自宅受検のため電卓が使えます。ただし、電卓が使いにくい問題もありますし、意外と時間がかかってしまいますので、電卓を使わない解答のコツもつかんでおきましょう。

四則逆算（1）

問題 1～5　　　　　　　　　⏱ 解答時間 **50** 秒　▭▢❌

　□に入る数値として正しいものを、選択肢の中から1つ選びなさい。

1 □× 3 = 8 ÷ 9

　○1 / 3　○8 / 27　○8 / 9　○8 / 3　○8 / 5

2 □÷ 2.5 = 7 /15

　○1 / 2　○15/28　○6 / 7　○7 / 6　○15 / 6

3 12 ÷□= 2 / 3 × 6

　○2　○3　○4　○6　○12

4 3 /10 + 2 / 5 =□

　○60％　○65％　○70％　○75％　○80％

5 540 の□％ = 97.2

　○12　○14　○18　○21　○23

解答・解説

1 選択肢が分数なので、$8 \div 9$ を分数の形 $\dfrac{8}{9}$ にする。

$$\square \times 3 = 8 \div 9 \quad \Rightarrow \quad \square \times 3 = \dfrac{8}{9} \quad \Rightarrow \quad \square = \dfrac{8}{9} \div 3 = \dfrac{8}{9} \times \dfrac{1}{3}$$

$$= \dfrac{8}{27}$$

正解 **8 /27**

2 選択肢が分数なので、$2.5 = \dfrac{5}{2}$ と分数に置き換えて計算する。

$$\square \div 2.5 = \dfrac{7}{15} \quad \Rightarrow \quad \square \div \dfrac{5}{2} = \dfrac{7}{15} \quad \Rightarrow \quad \square = \dfrac{7}{15} \times \dfrac{5}{2} = \dfrac{7}{6}$$

正解 **7 / 6**

3 $12 \div \square = \dfrac{2}{3} \times 6 \quad \Rightarrow \quad 12 \div \square = 4 \quad \Rightarrow \quad \square = 12 \div 4 = 3$

正解 **3**

4 $\dfrac{3}{10} + \dfrac{2}{5} = \square \quad \Rightarrow \quad \dfrac{3}{10} + \dfrac{4}{10} = \square \quad \Rightarrow \quad \square = \dfrac{7}{10} = 70\%$

分数については、「$\dfrac{1}{10} = 10\% = 0.1$」を基本として、「$\dfrac{1}{2} = 50\%$

$= 0.5$」「$\dfrac{1}{4} = 25\% = 0.25$」「$\dfrac{1}{5} = 20\% = 0.2$」「$\dfrac{1}{20} = 5\% = 0.05$」

などをまとめて暗記しておくと便利。

正解 **70%**

5 「Aの$\square$%」は $\dfrac{A \times \square}{100}$ と置き換えて考える。

$$\dfrac{540 \times \square}{100} = 97.2 \quad \Rightarrow \quad 540 \times \square = 97.2 \times 100$$

$$\square = 9{,}720 \div 540 = 18$$

正解 **18**

6 $2 \times (19 - \square) = 18$

○4   ○8   ○10   ○12   ○16

7 $3 \times \square + 4 \times \square = 49$ （□には同じ値が入る）

○3   ○5   ○6   ○7   ○9

8 $\square \div 2 + 3 \times \square = 14 + 7$ （□には同じ値が入る）

○2   ○3   ○4   ○5   ○6

9 $4 + \square \times 3 = 13 \times 3 - 4 \times 5$

○2   ○3   ○5   ○6   ○7

10 $\square \times \square = 17 \times 2 + 45 \div 3$ （□には同じ値が入る）

○3   ○4   ○5   ○7   ○13

6　$2 \times (19 - \square) = 18 \Rightarrow (19 - \square) = 18 \div 2$
　　$\Rightarrow (19 - \square) = 9$
　　$\square = 19 - 9 = 10$

正解　**10**

7　$3 \times \square + 4 \times \square = 49 \Rightarrow (3 + 4) \times \square = 49 \Rightarrow 7 \times \square = 49$
　　$\square = 7$

正解　**7**

8　$\square \div 2$ を $\square \times \dfrac{1}{2}$ と置き換える。

　　$\square \div 2 + 3 \times \square = 14 + 7 \Rightarrow \square \times \dfrac{1}{2} + 3 \times \square = 21$

　　$\Rightarrow (\dfrac{1}{2} + 3) \times \square = 21 \Rightarrow \dfrac{7}{2} \times \square = 21$

　　$\square = 21 \div \dfrac{7}{2} = 21 \times \dfrac{2}{7} = 6$

正解　**6**

9　$4 + \square \times 3 = 13 \times 3 - 4 \times 5 \Rightarrow 4 + \square \times 3 = 39 - 20$
　　$\Rightarrow 4 + \square \times 3 = 19 \Rightarrow \square \times 3 = 19 - 4 \Rightarrow \square \times 3 = 15$
　　$\square = 15 \div 3 = 5$

正解　**5**

10　$\square \times \square = 17 \times 2 + 45 \div 3 \Rightarrow \square \times \square = 34 + 15$
　　$\Rightarrow \square \times \square = 49 \Rightarrow \square \times \square = 7 \times 7$
　　$\square = 7$

正解　**7**

🔍 図表の読み取り（1）

頻出問題と解答のコツ

　グラフを使用した図表の読み取りの問題は、その問題で求めるものが何かを考え、そのために必要な情報をグラフから素早く取り出し、計算をしていきます。

★ **図表の読み取り（グラフ）を解くポイント**

① 割合や個数など求めるものを確認する
② 式を立ててグラフの数値を代入して計算
③ 計算の順序を工夫して時短を目指す

頻出問題

［**例題**］ グラフを見て次の問いに答えなさい。

【契約者数に占める首都圏在住契約者の割合】

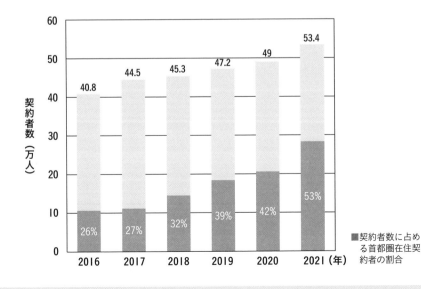

> 2019年における首都圏在住契約者数は、他地域よりおよそ何万人少ないか。最も近いものを以下の選択肢から1つ選びなさい。
>
> ○ 8.3万人　○ 9.6万人　○ 10.4万人　○ 11.8万人　○ 13.0万人

解答のコツ

　求めたいのは首都圏と他地域の契約者数の差なので、「**合計契約者数**」×「**割合**」より首都圏と他地域の契約者数を計算し、差を求めるという考え方ができる。

　しかし、計算回数が多くなり時間がかかるので、契約者数の差を契約者合計に対する割合でとらえるとよい。グラフより2019年の首都圏の割合が**39%**で、契約者合計の割合は100%となるので、同年の他地域の割合は100 − 39 = **61%**であることがわかる。

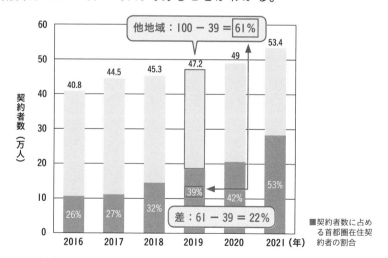

　よって、首都圏と他地域の契約者数の差は契約者合計の 61 − 39 = 22%となり、その人数は、2019年の契約者合計である47.2万人の22%、つまり47.2 × 0.22 = 10.384（万人）。したがって選択肢で最も近いのは10.4万人。

正解　10.4万人

図表の読み取り（２） 頻出問題と解答のコツ

　図表の読み取りでは割合に関する問題が多く出題され、割合は「割合＝部分数÷全体数」という公式を用います。短時間で解くには計算式をすぐにたてることが必要ですので、頻出の公式は覚えておきましょう。

★ 図表の読み取り（割合）を解くポイント

① 頻出問題の解法は公式として覚える
② 解答に必要なものに絞って計算（時間短縮）
③ 電卓を利用して計算は素早く済ませる

頻出問題

［例題］ グラフを見て次の問いに答えなさい。

【日本の乗用車輸出台数】

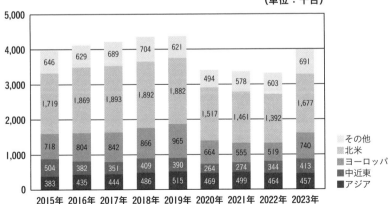

（単位：千台）

出典：一般社団法人　日本自動車工業会（https://www.jama.or.jp/）データベースより作成

ヨーロッパへの乗用車輸出台数に対する北米への乗用車輸出台数の割合が最も大きいのは何年か。以下の選択肢の中から1つ選びなさい。

○ 2018 年　　○ 2019 年　　○ 2020 年　　○ 2021 年　　○ 2022 年

解答のコツ

　各年について、ヨーロッパへの輸出台数に対する北米への輸出台数の割合を計算する。この割合は、ヨーロッパへの輸出台数を基準としたときの北米への輸出台数の大きさを表すので、

$$\frac{\text{北米への輸出台数}}{\text{ヨーロッパへの輸出台数}}$$ つまり、本問では「北米への輸出台数」÷「ヨーロッパへの輸出台数」を計算することとなる。

2018 年：1892 ÷ 866 = 2.184…
2019 年：1882 ÷ 965 = 1.950…
2020 年：1517 ÷ 664 = 2.284…
2021 年：1461 ÷ 555 = 2.632…
2022 年：1392 ÷ 519 = 2.682…

　以上より 2022 年が最も大きいといえる。

　なお、2018 年と 2019 年を比べると、北米の輸出台数は大きく違わないが、ヨーロッパへの輸出台数が大きく増えている（割る数が大きくなる）ことから、求める割合は 2019 年が 2018 年より**小さくなる**ことは明らかである。

　また、2020 年と比較して 2021 年と 2022 年は北米の輸出台数の減少よりもヨーロッパの輸出台数の減少が大きい（割る数が相対的に小さくなる）ので、求める割合が**大きくなる**ことも明らかである。したがって、すべての年で計算しなくても、2018 年、2021 年、2022 年の 3 年のみに絞って計算することで、より短時間に解くことができる。

正解　　2022 年

🔍 図表の読み取り（３） 頻出問題と解答のコツ

　散布図の問題は、２つの要素の関係をとらえるので、解法はグラフの読み取りよりも、表の読み取りに近いといえます。計算をしなくても図から解答の選択肢をある程度、絞ることができます。

★ 図表の読み取り（散布図）を解くポイント

① 散布図から２数（x軸とy軸）の関係をとらえる
② 図に直線をあてて、変化の割合をみる
③ 計算する選択肢をできるだけ減らす

頻出問題

［例題］グラフを見て次の問いに答えなさい。

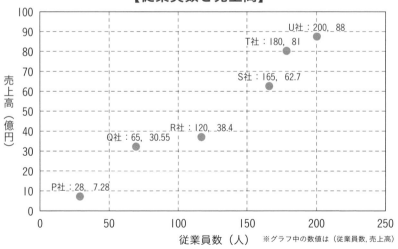

【従業員数と売上高】

P社：28, 7.28
Q社：65, 30.55
R社：120, 38.4
S社：165, 62.7
T社：180, 81
U社：200, 88

売上高（億円）／従業員数（人）

※グラフ中の数値は（従業員数, 売上高）

１人あたりの売上高が２番目に大きいのはどこか。

○P社　　○Q社　　○R社　　○S社　　○T社

解答のコツ

1人あたりの売上高は、「売上高」÷「従業員数」で求めることができるので、各社について計算してもよいが、図の x 軸の数値が従業員数、y 軸の数値が売上高なので、「売上高」÷「従業員数」は、原点と各社の点を結んだ直線の傾きを表す数値となる。

傾きが大きいほど1人あたりの売上高が大きいことを意味するので、画面に定規などをあてて傾きを調べていけば大まかな順番がわかる。

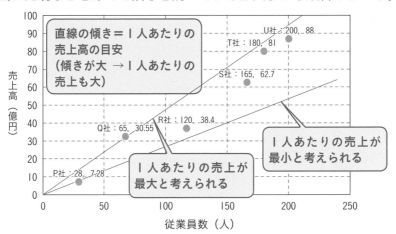

1人あたりの売上高が2番目に大きい会社を選ぶため、傾きが最大となるような直線を引くとQ社とT社がほとんど同じ直線上に乗っていることがわかる。このことからQ社とT社が上位2社であることは確実。あとはこの2社について計算をして確認する。

Q社の1人あたりの売上高：30.55 ÷ 65 ＝ 0.47（億円）

T社の1人あたりの売上高：81 ÷ 180 ＝ 0.45（億円）

したがって、1人あたりの売上高が2番目に大きいのは、T社である。

正解　T社

アドバイス

上図では正確に線が引ければT社よりもQ社が上というのが大まかにわかりますが、近いものについては計算をしておいたほうが安心です。計算するものが2～3つに絞れれば十分といえます。

図表の読み取り（1）

問題1　　　　　　　　　　　　　　⏱ 解答時間 **30**秒　▭▭☒

グラフを見て次の問いに答えなさい。

【薬品 A の出荷量と価格の推移】

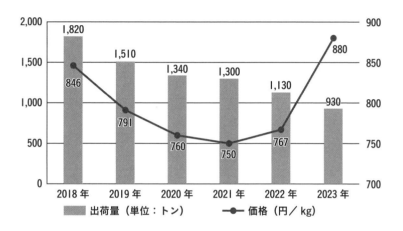

2018 年から 2019 年の出荷量の減少率は、2021 年から 2022 年のそれのおよそ何倍か。最も近いものを、以下の選択肢から 1 つ選びなさい。

○ 0.6 倍

○ 0.8 倍

○ 1.1 倍

○ 1.3 倍

○ 1.6 倍

解答・解説

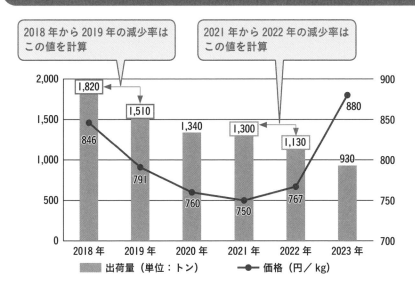

前年比での減少率（増減率）は、$\dfrac{当年-前年}{前年}$ で計算でき、まとめると $\dfrac{当年}{前年}-1$ となる。

$$\frac{当年-前年}{前年}=\frac{当年}{前年}-\frac{前年}{前年}=\frac{当年}{前年}-1$$

2019 年は 1,510 ÷ 1,820 － 1 ＝－ 0.170…

2022 年は 1,130 ÷ 1,300 － 1 ＝－ 0.130…

したがって、2019 年の減少率は 2022 年のおよそ 0.17 ÷ 0.13 ＝ 1.307…倍より選択肢では 1.3 倍が最も近い。

正解　1.3 倍

図表の読み取り（2）

問題2

⏱ 解答時間 **30** 秒 ▢▢☒

表を見て次の問いに答えなさい。

【構造別－住居専用住宅の数、床面積の合計】

	木造		鉄筋コンクリート		鉄骨造	
	建築物の数（単位:棟）	床面積の合計（単位:㎡）	建築物の数（単位:棟）	床面積の合計（単位:㎡）	建築物の数（単位:㎡）	床面積の合計（単位:㎡）
平成26年	401,232	48,536,508	11,453	14,215,488	73,008	11,715,195
平成28年	421,562	51,399,983	11,110	13,517,773	71,609	11,823,011
平成30年	418,195	50,401,170	9,525	12,121,592	65,127	10,885,976
令和2年	381,455	45,147,963	8,221	10,899,818	53,031	8,559,221
令和4年	388,520	45,284,474	9,226	12,260,337	53,736	9,000,335

出典：国土交通省　建築着工統計調査より作成

令和2年の木造住居1棟当たりの床面積の平均は鉄骨造住居のそれと比較して何倍か。最も近いものを以下の選択肢から1つ選びなさい。

○ 0.69 倍

○ 0.73 倍

○ 0.89 倍

○ 1.36 倍

○ 1.43 倍

	木造		鉄筋コンクリート		鉄骨造	
	建築物の数（単位:棟）	床面積の合計（単位:㎡）	建築物の数（単位:棟）	床面積の合計（単位:㎡）	建築物の数（単位:㎡）	床面積の合計（単位:㎡）
平成26年	401,232	48,536,508	11,453	14,215,488	73,008	11,715,195
平成28年	421,562	51,399,983	11,110	13,517,773	71,609	11,823,011
平成30年	418,195	50,401,170	9,525	12,121,592	65,127	10,885,976
令和2年	381,455	45,147,963	8,221	10,899,818	53,031	8,559,221
令和4年	388,520	45,284,474	9,226	12,260,337	53,736	9,000,335

令和2年の木造住居1棟当たりの平均床面積はこの値を計算

令和2年の鉄骨造住居1棟当たりの平均床面積はこの値を計算

令和2年の木造住居と鉄骨造住居の1棟当たりの平均床面積を計算し、さらに木造住居が鉄骨造住居の何倍となっているかを計算する。

1棟当たりの平均床面積は「**床面積の合計**」÷「**建築物の数**」で計算をする。

木造住居は、45,147,963 ÷ 381,455 = 118.357…

鉄骨造住居は、8,559,221 ÷ 53,031 = 161.400…

これより、木造住居が鉄骨造住居の何倍となっているかは

およそ 118 ÷ 161 = 0.7329…より、およそ **0.733 倍**

よって **0.73 倍** が最も近い。

正解　0.73 倍

図表の読み取り（３）

問題3　⏱解答時間 **45** 秒　

グラフを見て次の問いに答えなさい。

【ヨーロッパ各国の自動車生産台数の推移】

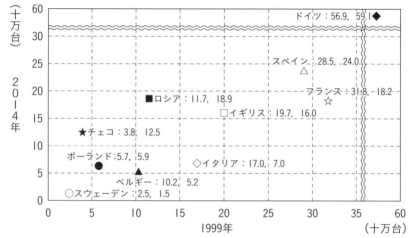

（十万台）

2014年

ドイツ：56.9, 59.1 ◆

スペイン：28.5, 24.0 △

フランス：31.8, 18.2 ☆

■ロシア：11.7, 18.9

□イギリス：19.7, 16.0

★チェコ：3.8, 12.5

ポーランド：5.7, 5.9 ●

◇イタリア：17.0, 7.0

ベルギー：10.2, 5.2 ▲

○スウェーデン：2.5, 1.5

0　5　10　15　20　25　30　35　60
1999年　（十万台）

※グラフ中の数値は（国名：1999年，2014年）

グラフ中の 10 カ国のうち、1999 年と 2014 年における自動車の生産台数減少率が 3 番目に大きいのはどの国か。以下の選択肢の中から 1 つ選びなさい。

○　ドイツ

○　フランス

○　イタリア

○　ロシア

○　スウェーデン

解答・解説

1999 年と 2014 年における自動車の生産台数減少率が大きい国について問われているため、2014 年の生産台数のほうが多いドイツ、ロシア、チェコ、ポーランドは対象から外され、スペイン、フランス、イギリス、イタリア、ベルギー、スウェーデンの 6 カ国についてのみ検討すればよい。

生産台数減少率は、（「2014 年の台数」－「1999 年の台数」）÷「1999 年の台数」× 100 で求められる。6 カ国について公式にあてはめて計算すると、

イタリア：$(7.0-17.0)÷17.0×100=-10.0÷17.0×100≒-58.8\%$
ベルギー：$(5.2-10.2)÷10.2×100=-5.0÷10.2×100≒-49.0\%$
スペイン：$(24.0-28.5)÷28.5×100=-4.5÷28.5×100≒-15.8\%$
フランス：$(18.2-31.8)÷31.8×100=-13.6÷31.8×100≒-42.8\%$
イギリス：$(16.0-19.7)÷19.7×100=-3.7÷19.7×100≒-18.8\%$
スウェーデン：$(1.5-2.5)÷2.5×100=-1.0÷2.5×100=-40.0\%$

となる。

よって、減少率が 3 番目に大きいのは、**フランス**である。

なお、1999 年と 2014 年の数値を単純に比較した場合、イタリアだけは 17.0 → 7.0 と半分以下になっていることから減少率が 1 位であると目星をつけることができる。また、スペイン（28.5 → 24.0）とイギリス（19.7 → 16.0）は減り方が小さいため、減少率が 3 位以上には当てはまらないと推測することができる。

このように計算をせずに対象外の国の目星をつけることで、時間の短縮を図ることも重要である。

正解 フランス

表の穴埋め（１）

表の空欄に入る数字を推測します。表より推測をするため、他の要素との関係から法則性や計算方法を導く問題が一般的です。複雑な問題は初見では短時間に解くことは難しいので、パターンを覚えて効率的に解くことが重要です。

★ 表の穴埋めを解くポイント

①単位当たり（単価や密度など）を利用することも多い
②関連のある要素が多い場合、同じ数値の要素を含むものを比較して違いに注目する

頻出問題

［例題］ある雑貨屋で商品の仕入状況についてまとめている。

【店舗ごとの商品仕入れ状況】

	A店	B店	C店	D店	E店
商品S（個）	5	5	10	10	20
商品T（個）	20	10	10	15	10
商品U（個）	10	10	5	10	20
仕入金額（円）	6,500	4,500	5,500	7,000	?

E店の仕入れ金額はいくらと推測できるか。

○ 8,500 円
○ 10,000 円
○ 11,500 円
○ 13,000 円
○ 14,500 円

解答のコツ

　仕入金額は「それぞれの商品×個数」の合計となる。そこで、各商品の単価を求めてみる。

　A店とB店では商品SとUの個数が同じである。異なるのは商品Tの個数だけであり、この商品Tの違いが仕入金額の違いとなることに注目する。

	A店	B店
商品S（個）	5	5
商品T（個）	20	10
商品U（個）	10	10
仕入金額（円）	6,500	4,500

> Tの合計金額の差が
> 仕入金額の差となる

　A店の商品Tは20個、B店は10個より、差である10個分の価格が仕入金額の差 6,500 − 4,500 = 2,000 円と同一となる。

　したがって商品Tの単価は 2,000 ÷ 10 = 200 円

　次にC店とD店では商品Sの個数が同じであり、商品Tの仕入金額がわかっているので、商品Uの差（5個分の金額）に注目すれば商品Uの単価がわかる。

┌─────────【 参考 】─────────┐

C店とD店以外でもA店とD店、B店とD店で商品Uの個数が同じであることから、同様に商品Sの単価を求めることができる。

└────────────────────────┘

　商品Uの5個分の金額は（7,000 − 200 × 15）−（5,500 − 200 × 10）= 4,000 − 3,500 = 500 円

　したがって商品Uの単価は 500 ÷ 5 = 100 円

　残った商品Sの単価は、C店で考えれば商品Sが10個分の価格が 5,500 − 200 × 10 − 100 × 5 = 3,000 円 となるので、3,000 ÷ 10 = 300 円とわかる。これより、E店の仕入額は、300 × 20 + 200 × 10 + 100 × 20 = 6,000 + 2,000 + 2,000 = 10,000 円

正解 10,000 円

表の穴埋め（2）

頻出問題と解答のコツ

　表の穴埋めは、他の要素との関係から計算方法を導く問題が一般的ですが、関連する要素が複数あるなど、計算式を立てることが難しい問題も出題されます。

★ **表の穴埋めを解くポイント**

① 関連する要素が複数ある場合、無理に計算式を考えることはしない
② 要素ごとに範囲（上限〜下限）を把握する
③ 範囲内の選択肢が１つであればそれが正解

頻出問題

［例題］条件を変えて、ある品種の種子の発芽状況を実験してみた。

【発芽実験結果】

	条件 A	条件 B	条件 C	条件 D	条件 E	条件 F
平均気温（℃）	19.5	15.4	14.6	17.5	20.2	18.6
播種深度（cm）	0.5	1	1	1	0.5	?
播種前かん水時間（分）	180	280	300	240	120	?
発芽率（%）	90	85	82	88	92	?

条件 F の播種深度、播種前かん水時間、発芽率はどの組み合わせと推測できるか。

○（1、190、93）　○（0.5、200、89）　○（1、210、80）
○（0.5、220、91）　○（0.5、230、78）

解答のコツ

　種子の種類にもよるが一般的には表のすべての要素が発芽率に関連があるとされる。そのことを知っているとすべての要素との法則性を見つけ出したくなるが、計算式を立てることはできそうもない。

　そこで、**要素ごとに順番に並べ替えてみる**。なお、播種深度については2つの数値しかないので、平均気温、播種前かん水時間、発芽率の3要素について条件Fを除いて並べ替えをしてみる。

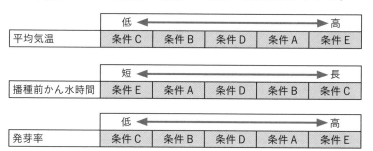

	低 ←				→ 高
平均気温	条件C	条件B	条件D	条件A	条件E

	短 ←				→ 長
播種前かん水時間	条件E	条件A	条件D	条件B	条件C

	低 ←				→ 高
発芽率	条件C	条件B	条件D	条件A	条件E

　平均気温と発芽率が同じ順番になっている。さらに、播種前かん水時間も「長→短」の順番で考えると、平均気温と発芽率の「低→高」と同じ順番なので、3要素とも同じ順番であることがはっきりとした。ここで条件Fは平均気温のみがわかっていて、その数値は条件Dと条件Aの間にあるので、他の要素も条件Dと条件Aの間であることが推測できる。

	条件A	条件F	条件D
平均気温（℃）	19.5	18.6	17.5
播種前かん水時間（分）	180		240
発芽率（％）	90		88

条件AとDの間

　したがって、条件Fの播種前かん水時間は180〜240分の間、発芽率は88〜90％の間と推測できる。この条件を満たす選択肢は（0.5、200、89）の1つだけである。

正解　**0.5、200、89**

アドバイス

数値順に並べ替えることで関連が見えやすくなる場合も多いので、本番でもノートなど大きく書けるものを用意しておきましょう。

表の穴埋め（1）

問題 1　⏱ 解答時間 **60** 秒　▢▢⊠

商業ビルを建てるための土地として5つの候補地がある。

【土地の価格表】

	A	B	C	D	E
広さ（坪）	160	110	100	120	130
価格（万円）	8,960	5,720	5,000	?	5,200
駅からの徒歩時間（分）	2	4	5	8	10

Dの土地の価格はいくらと推測できるか。

- ○ 5,020 万円
- ○ 5,280 万円
- ○ 5,420 万円
- ○ 5,780 万円
- ○ 6,000 万円

解答・解説

　土地の価格について、土地の広さと、駅からの距離の2つの情報が与えられている。

　土地は広くなれば価格が高くなることが推測でき、また、駅からの距離が遠くなれば価格は下がることが推測できる。

　そこで、土地の広さを同一にして、距離と価格の関係を考えてみる。

　仮に、Cの100坪5,000万円を基準とおき、100坪あたりの価格で比較をしてみる。

　Aの160坪は100坪の1.6倍の面積なので、

　8,960 ÷ 1.6 = 5,600（万円）が100坪の価格となる。

　同様に、BとEも計算すると、

　B：5,720 ÷ 1.1 = 5,200（万円）

　E：5,200 ÷ 1.3 = 4,000（万円）となる。

　まとめると以下の表のようになり、駅からの徒歩時間1分あたり200万円の差があることが推測できる。

	A	B	C	D	E
100坪の価格（万円）	5,600	5,200	5,000	？	4,000
駅からの徒歩時間（分）	2	4	5	8	10

2分で
400万円の差　　1分で
200万円の差　　5分で
1000万円の差

　DはCよりも駅から3分遠く離れているので、1分あたり200万円×3分 = 600万円減ることになり、

　5,000 − 600 = 4,400（万円）となる。

　よって、実際の価格は面積が1.2倍なので、

　4,400 × 1.2 = 5,280（万円）

正解　5,280万円

表の穴埋め（２）

問題2

⏱ 解答時間 **45**秒 ▫◻✕

中古販売店である車種について価格をまとめた。

	A	B	C	D	E	F
年式	令和2年	平成30年	令和元年	平成29年	令和2年	平成29年
走行距離 (km)	20,000	40,000	20,000	45,000	25,000	40,000
車検残り	なし	1年	1年	なし	1年	1年
価格 (万円)	171	164	187	150	183	?

Fの価格はいくらと推測できるか。

○ 145万円

○ 150万円

○ 158万円

○ 164万円

○ 170万円

解答・解説

　一般的に考えて年式が新しい、走行距離が少ない、車検が残っている ものが高価格と考えられる。逆に年式が古い、走行距離が多い、車検が ないものは低価格と考えられる。

　Fは走行距離がBと同じで、車検の残りも同じだが、年式は古いため B（164万円）よりも価格が安いと考えられる。

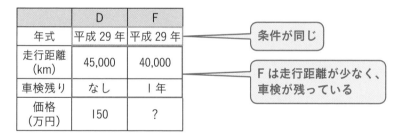

	B	F
年式	平成30年	平成29年
走行距離 （km）	40,000	40,000
車検残り	1年	1年
価格 （万円）	164	?

年式はFが古い

条件が同じ

　Fは年式がDと同じだが走行距離が少なく、車検も残っているためD （150万円）よりも価格が高いと考えられる。

	D	F
年式	平成29年	平成29年
走行距離 （km）	45,000	40,000
車検残り	なし	1年
価格 （万円）	150	?

条件が同じ

Fは走行距離が少なく、 車検が残っている

　また、A、C、EはいずれもBよりも価格が高いが、これは年式が新し く、走行距離が少ないことからも妥当といえる。

　したがって、Fの価格はD（150万円）とB（164万円）の間と推測で き、選択肢では158万円のみが該当する。

正解　158万円

C-GAB や C-GAB plus への対策

● C-GAB は「玉手箱のテストセンター版」

玉手箱は自宅受検型の Web テストですが、C-GAB と呼ばれるテストセンター型（会場受検型）の Web テストを受検することもあります。C-GAB は出題内容が玉手箱に類似しているため、「玉手箱のテストセンター版」として知られています。

玉手箱は企業により問題形式が異なり、たとえば計数分野であれば「四則逆算」「図表の読み取り」「表の穴埋め」の出題の可能性がありますが、C-GAB は下表のように、各科目で1つのみしか出題されません。計数であれば「図表の読み取り」、言語は「GAB 形式」、英語は「IMAGES 形式」のみです。なお、会場受検型では電卓が使えないため、筆算を素早く行えるように練習をしておきましょう。

C-GAB 出題内容（性格検査は事前に Web 上で受検）

計数	図表の読み取り
言語	GAB 形式
英語	IMAGES 形式

● C-GAB Plus はオンライン監視型

C-GAB はオンライン監視型の Web 会場を追加した C-GAB plus に移行しています。オンライン監視型の Web 会場は自宅受検型の一種となりますが、パソコンにカメラを接続して本人認証（免許証等が必要）を行い、試験中も監視することで「なりすまし」などの不正対策を行います。WEB テスティングでもオンライン監視型の提供が始まっており、今後はオンライン監視型の Web テストを導入する企業が増える可能性もありますので、受検に必要な環境を整えておきましょう（予約前に環境チェックが可能）。

3章

【3日で対策　2日目】
言語テスト＆英語テストの解答のコツ

CONTENTS

言語テスト

🔍 GAB 形式

ポイントと解答のコツ

　言語テストの GAB 形式の問題は、長文を読んで設問の内容について判断をしていきます。設問の内容を「正しい」「間違い」「論理的に導けない」の３つに分類していきますが、初見だとその答え方にとまどう人が多いので、対策をしっかりしておくことが重要です。

> ★ **GAB 形式を解くポイント**
>
> ① 「正しい」とは、問題文中に記述がある内容のこと
> ② 「間違い」とは、問題文中の記述とは反する内容のこと
> ③ 「論理的に導けない」とは、問題文中に記述がない内容のこと

解答のコツ

　GAB 形式には、歴史的な事実や真理などが含まれている設問もあります。自分の知識をもとにして、「明らかに正しい」という選択肢を選んでしまう内容でも、問題文にその記述がなければ、「論理的に導けない」を選ばなければなりません。

　あくまでも問題文の中のみで判断をすることが必要です。そのため、設問を先に読んでおき、次に問題文を読みながら、設問の記述が「ある」か「ない」かを見極めていくことが短時間で解答するのに有効です。

アドバイス

問題文を読む前に設問を読んでおき、「問題文から設問の記述を探す」という手順で進めましょう。

GAB 形式

以下の本文を読んで、設問文 1 つ 1 つについて A・B・C のいずれに当てはまるかクリックして答えなさい。

　JR 東京駅八重洲口のすぐ近くに「鉄鋼ビル内」郵便局がある。いうまでもなく、鉄鋼ビルというオフィスビルに入っている郵便局である。ここにある風景印のデザインを想像していただこう。

　常識で考えるなら、「風景」印というくらいだから東京駅の駅舎や新幹線の車両など、そのあたりから見える風景か、あるいはビルにちなんで、鉄を象徴するようなものではないかなと思いめぐらすのが普通である。実際の図案を見ると、たしかに、新幹線と郵便局の入っているビルも描かれているが、それに加えて、「北町奉行所」の文字と桜吹雪も描かれている。

　奉行所は、江戸時代、町人に関する行政、裁判、警察業務をつかさどっていたところで、「北町」「南町」（時代によっては中町奉行所もあった）にそれぞれ設置された。桜吹雪の刺青でおなじみの遠山の金さんこと遠山左衛門尉景元が任務にあたっていたのが北町奉行所（彼は、後に南町奉行所の町奉行も務めている）で、現在の東京駅八重洲北口の国際観光会館ビルの前にあったという。そこに建てられた小さな碑にちなんでデザインに取り入れられているのだ。

　ちなみに大岡越前こと、大岡忠相が町奉行を務めた南町奉行所のほうは、現在の JR 有楽町駅からマリオンにかけてのあたりにあった。こちらにも奉行所跡を示す碑が立っている。このように急いで通り過ぎていれば見逃してしまうような街の歴史を伝えてくれるのも、郵便局の風景印である。

（佐滝剛弘『郵便局を訪ねて 1 万局』光文社）

【問１】
郵便局の風景印はその場所から見える風景を描くことに
なっている。
○ A　　　○ B　　　○ C

【問２】
「鉄鋼ビル内」郵便局にある風景印には「北町奉行所」の
文字が描かれている。
○ A　　　○ B　　　○ C

【問３】
北町と南町に奉行所がそれぞれ設置されたのは、担当す
る業務が多かったためである。
○ A　　　○ B　　　○ C

【問４】
郵便局の風景印は、見逃しがちな街の歴史を伝えてくれ
る。
○ A　　　○ B　　　○ C

A　文脈の論理から明らかに正しい。または正しい内容を含ん
　　でいる。

B　文脈の論理から明らかに間違っている。または間違った内
　　容を含んでいる。

C　問題文の内容からだけでは、設問文は論理的に導けない。

解答・解説

【問1】

　「常識で考えるなら、（中略）そのあたりから見える風景か、（中略）と思いめぐらすのが普通」と書かれているが、**その場所から見える風景を描かねばならないとまでは、少なくとも本文では述べられていない。**また、「北町奉行所」の文字と桜吹雪も描かれていることから、必ずしも描かねばならないわけではないとも、推察できる。

正解　B

【問2】

　2段落目の最後に「北町奉行所」の文字と桜吹雪も描かれているとある。よって、正しい。「鉄鋼ビル内」郵便局の風景印にはその他、新幹線と郵便局の入っているビルも描かれている。

正解　A

【問3】

　北町、南町と複数設置されていたという事実が述べられているだけで、**担当する業務が多かったからかどうかは本文中では触れられていない。**

正解　C

【問4】

　東京駅八重洲北口や有楽町駅周辺に奉行所跡を示す碑が立っている。そのような、「急いで通り過ぎていれば見逃してしまうような街の歴史を伝えてくれるのも、郵便局の風景印である」という記述が**最終段落にある。**

正解　A

🔍 IMAGES 形式

ポイントと解答のコツ

　IMAGES 形式は、問題文で最も訴えたいこと（趣旨）をとらえる問題です。「玉手箱」全体についていえますが、時間制限が厳しいため、問題文の内容を精査するというよりも、趣旨を見つけ出すことに注力したほうがよいでしょう。

★ IMAGES 形式を解くポイント

① 最も訴えたいこと(趣旨)が何かを見つけるのが重要
② 先に設問を読んで趣旨をイメージする
③ 趣旨がわかれば、残りの設問は問題文中での記述の有無を確認する

解答のコツ

　問題文中には大きく分けて、「筆者の意見を述べた部分」「ただ事実を挙げただけの部分（具体例など）」があります。当然ですが、**趣旨は「筆者の意見を述べた部分」にあるはず**です。問題文は、この区別がわかりやすいものが多いので、先に設問を読んでおくと趣旨のイメージがつきやすくなります。

　通常は「**趣旨＝結論**」と考えられ、**まとめの段落（最後の段落）に含まれる場合が多い**のですが、問題提起をしている段落（最初の段落）に含まれることもあります。

アドバイス

> GAB 形式と同様、問題文を読む前に設問を確認します。まずは趣旨が述べられている設問を見つけ出しましょう。

言語 練習問題

IMAGES 形式

課題文 |

⏱ 解答時間 80 秒 ⬒⬜✕

以下の本文を読んで、設問文 | つ | つについて A・B・C のいずれに当てはまるかクリックして答えなさい。

　人口が減少すると、私たちの生活にさまざまな問題が生じてくる。

　たとえば私たちの生活に必要とされるサービス産業のうち、保育所や医療・福祉関連サービス産業は、おおむね | 万人以上の人口規模の都市に立地するとされる。不動産賃貸業やソフトウェア業といった対企業サービスについては、それよりも大きな都市でなければ立地しない。対家計サービスである（総合）スーパーなどは、5 万人前後の都市が目安とされる。

　このまま人口減少が進めば、病院などの維持が困難になる自治体も出てくるだろう。町村単位での小学校の運営も難しくなり、統廃合により通学困難となる生徒が発生する事態も起きてくる。商業・サービス事業者が撤退し、生活の利便性の低下をも引き起こしかねない。また、お祭りをはじめとする地域行事の存続が難しくなり、コミュニティ自体が維持できなくなるといった問題も生じる恐れがある。

　行政の視点で見ても、マイナスの面は大きい。人口減少に伴い歳出規模は縮小されるものの、 | 人当たりの財政コストは増加する。規模の小さな都市ほど | 人当たり財政コストは増大すると予想され、地方ほど深刻な問題になる。

（三菱総合研究所編：三菱総研の総合未来読本 Phronesis「フロネシス」
07『新しいローカリズム』丸善プラネット）

3 章
【3 日で対策 2 日目】言語テスト&
英語テストの解答のコツ

【問１】
人口の減少により十分な公共サービスを受けられなくなる恐れがある。

○　A　　　　○　B　　　　○　C

【問２】
大都市では人口減少は深刻な問題ではない。

○　A　　　　○　B　　　　○　C

【問３】
人口減少問題は深刻な問題であり直ちに解決する必要がある。

○　A　　　　○　B　　　　○　C

【問４】
人口の減少が進めば将来人々の生活が困難になる。

○　A　　　　○　B　　　　○　C

A　筆者が一番訴えたいこと（趣旨）が述べられている。

B　長文に書かれているが、一番訴えたいことではない。

C　この長文とは関係ないことが書かれている。

解答・解説

【問１】

　本文は人口の減少に伴って生じる問題点について述べている文章だ。人口減少が進めば、保育所や医療・福祉関連サービスが受けられない、小学校への通学が困難になる、行政での歳出規模が縮小される可能性があることが述べられている。すなわち、本文をとおして十分な公共サービスを受けられなくなる恐れがあることが述べられている。

　しかし、**これらはあくまで筆者の訴えをサポートするために例示したものにすぎない。**

正解　B

【問２】

　本文をとおして人口減少に伴う問題が説明され、この問題は人口規模が小さい地方であればより深刻になると述べられている。しかし、**大都市では人口減少が問題にならないとは述べられていない。**

正解　C

【問３】

　本文は人口の減少についての問題点を指摘したものであって、**直ちに解決すべきであるとまでは述べられていない。**

正解　C

【問４】

　本文の構成として、第１段落で筆者が最も訴えたいことが述べられ、その後に続く段落で例示により筆者の訴えをサポートする形をとっている。第１段落で**「人口が減少すると、私たちの生活にさまざまな問題が生じてくる」**と、筆者が最も訴えたいことが述べられている。問題文はこの段落の趣旨とほぼ同じ意味になる。

正解　A

趣旨把握形式

ポイントと解答のコツ

　趣旨把握形式の問題は、選択肢の中から筆者の最も訴えたいこと（趣旨）を選ぶ問題です。ただし、ここ数年は出題が確認できていません。趣旨把握形式は、「長文数＝設問数」となるので、他の形式よりも長文の問題が多いのが特徴です。時間制限が厳しくなりますので、時間配分に注意が必要です。

★ 趣旨把握形式を解くポイント

① 全体の内容をとらえることが重要
② 日ごろから長めの文章に触れ、速く読む練習をしておく

解答のコツ

　趣旨把握形式の問題は、通常はまとめとなる段落に趣旨が書かれていることが多いのですが、**全体を読んで初めて趣旨が把握できる**といった場合も少なくありません。また、選択肢には直接的な表現が少ないため、問題文を読んで趣旨を直接見つける方法がよいでしょう。そのためには**「速く読む」**ことが重要になります。

　時間制限が厳しいので、とにかく速く読んで、筆者の考えといえる部分をピックアップし、全体として何を伝えたい文章なのかを理解する必要があります。

アドバイス

問題文を最後まで読んで初めて趣旨が把握できる問題も少なくありません。そのため、問題文の一部分だけではなく、全体の内容を理解するように心がけましょう。

問題Ⅰ

⏱ 解答時間 **70秒** 🗖🗖🗙

次の文章を読んで、筆者の訴えに最も近いものを選択肢の中から1つ選んでクリックしなさい。

　しばらく前に「前世占い」というのが流行ったことがある。「トラウマ」とか「アダルトチルドレン」という言葉が流行ったこともあった。何をやってもうまくいかない、なんか状況が塞いだままそこからうまく抜けだせないといったとき、ひとはその理由を知りたいと必死におもう。が、鬱ぎの理由というのはそうかんたんに見つかるものではない。けれども、解決されないままこの鬱いだ時間をくぐり抜けるのもしんどい……。

　ということになれば、多くのひとが自分のこの鬱ぎを説明してくれる「物語」があれば、すぐにそれに飛びつくというのは、見やすい道理である。わたしがいまこうでしかありえないのは、あのときあんな体験を強いられたからだ、出生をめぐるこういう状況があったからだ。そう、いまじぶんがこうでしかありえないのはじぶんのせいではない、あの「秘密」がわたしのこうした鬱ぎを強いているのだ……というわけである。

　しんどさをじぶんの問題として引き受けるのではなく、じぶんが引き受けさせられている問題として受けとめる。「わたしが悪いのではない」「すぐに少しでも楽になりたい」、そんな気持ちがどこかできっと働きだしているのだろう。たしかにじぶんの鬱ぎが病気に起因する、あるいはわたしが過去に受けたひどい仕打ちに起因すると考えれば、楽になる。「わたしが悪いのではない」のだから。

（鷲田清一『新編　普通をだれも教えてくれない』筑摩書房）

○ A 物事がうまくいかない理由を自分以外に求める人は多い。

○ B 「わたしが悪いのではない」という言葉は、最近、よく使われるようになった。

○ C 鬱ぎを治す方法など存在しない。

○ D 物事がうまくいかないときに解決されないまま時間が過ぎるのはつらいことだ。

A 「前世占い」や「トラウマ」などの言葉が流行する背景には、しんどさの原因が自分にあるのではなく、自分以外にあると受け止めたいからだ、ということが文章全体で最も述べられている内容である。これが正解。

B 「わたしが悪いのではない」という気持ちについても説明されているが、**最近よく使われるということは文中には述べられていない。**

C 第1段落第4文に「鬱ぎの理由というのはそうかんたんに見つかるものではない」とあるが、**鬱ぎを解決する方法などないとまでは、この文章では述べられていない。**

D 確かに第1段落第5文に「解決されないままこの鬱いだ時間をくぐり抜けるのもしんどい」とあるが、文章中ではその「しんどさ」を自分以外に原因のある問題として引き受けることについて論旨を展開している。したがって、**このことが一番訴えたいことではない。**

正解　A

🔍 GAB 形式

英語の GAB 形式の問題は、言語の GAB 形式と同じ形式です。解答する際の進め方も、基本的に言語の GAB と同じでよいので、制限時間を気にしながら読む練習をし、問題に慣れておきましょう。

★ GAB 形式を解くポイント

① 「TRUE」とは、問題文中に記述がある
　内容のこと
② 「UNTRUE」とは、問題文中の記述とは
　異なる内容のこと
③ 「CANNOT SAY」とは、問題文中に
　記述がない内容のこと

解答のコツ

使われている単語など、問題文自体の難易度はそれほど高くはありません。言語の GAB 形式と同じ形式ですので、設問が問題文に合うかどうかを探すことになります。そのため、**設問を先に読んでおき、内容をイメージしておくことが言語の GAB テストと同様に有効**です。

ただし、言語（日本語）と異なり、英語の能力は人によってかなりばらつきがあります。内容を正しく理解することを目指して対策することがもちろん大切ですが、英語が苦手な人は、**設問の文章と同じ単語が使われている文章があるかどうかを素早く探す**ようにしてみましょう。

アドバイス

設問を先に読み、内容をイメージしておくことが大切です。英語が苦手な人は、設問の内容に絞って問題文から探してみましょう。

課題文 I　　　　　　　　　　　　　　⏱ 解答時間 **75** 秒　▢◻◻

Read the text and choose the best description for each of the questions that follow.

Has enough research been done to prove that violent video games are turning teenagers into crazed killers and desensitized maniacs? Or are violent video games just convenient scapegoats for mental health experts hoping to get interviewed on television?

The rate of juvenile violent crime in America has been decreasing over the past few decades. Considering that many boys and girls are gamers, the crime statistic couldn't be right if it insists that violent video games were turning kids into criminals. The majority of young gamers never commit a crime. The government found that the biggest causes of violence and criminal behavior amongst teenagers are being mentally unstable and coming from abusive, dysfunctional homes.

The danger of blaming video games for teenage violence is that it can close off other areas of research that may prove more conclusive.

Question 1: The rate of juvenile violent crime in America has been increasing over the last 30 years.
○ A　　○ B　　○ C

Question 2: Coming from an abusive home can cause a teenager to become a criminal.
○ A　　○ B　　○ C

3 章
【3日で対策 2日目】言語テスト＆
英語テストの解答のコツ

Question 3 : Young people who play violent video games are less likely to be wounded in combat.

○　A　　　　○　B　　　　○　C

A: The statement is patently TRUE or follows logically, given the information or opinions contained in the passage.

B: The statement is patently UNTRUE or the opposite follows logically, given the information or opinions contained in the passage.

C: You CANNOT SAY whether the statement is true or untrue, or follows logically, without further information.

解答・解説

【本文意訳】

　暴力的なテレビゲームが若者たちを狂気の殺人者や無感動の狂人に変えるということを証明するために、十分な研究がなされたのだろうか？それとも暴力的なテレビゲームは、テレビ取材を受けたいと願う精神衛生専門家にとっての単なる都合のよい言いわけなのだろうか？

　アメリカにおける若年層の凶悪犯罪率はここ数十年で減少している。多くの少年や少女がゲーム愛好者であるということを考慮すると、暴力的なテレビゲームが子どもたちを犯罪者にするという犯罪統計は正しいはずがない。若いゲーム愛好者の大部分が罪を犯すことはない。若者たちの暴力行為と犯罪行為の最大の原因は精神不安によるもので、家庭での虐待や機能不全家庭に起因すると政府は解明した。

　若年犯罪をテレビゲームのせいにすることの危険性は、より決定的な証明になりうる別の分野の研究を、閉ざしかねないということだ。

【選択肢の訳文】

Ａ：本文に記述されている情報や主張から、設問文は明らかに正しい。または論理的に導くことができる。

B：本文に記述されている情報や主張から、設問文は明らかに間違っている。または論理的に導くと反対のことが書かれている。

C：さらに情報がなければ、設問文が正しいか間違っているか、または論理的に導けるかどうかはいえない。

【問1　設問文の訳文】

問1：過去30年以上にわたり、アメリカにおける若年層の凶悪犯罪率は増加している。

【問1　解答・解説】

第2段落に「**アメリカにおける若年層の凶悪犯罪率はここ数十年で減少している**」とあるので明らかに誤り。

正解　B

【問2　設問文の訳文】

問2：家庭で虐待されるという経験は、若者を犯罪者にする原因となりうる。

【問2　解答・解説】

第2段落に「**家庭での虐待や機能不全家庭に起因する**」と述べられているので正しい。

正解　A

【問3　設問文の訳文】

問3：暴力的なテレビゲームを楽しむ若者は、戦闘において負傷しにくい。

【問3　解答・解説】

実際の**戦闘についての話は述べられていない**ので、**無関係**。

正解　C

🔍 IMAGES 形式

ポイントと解答のコツ

言語の IMAGES 形式は問題文で最も訴えたいこと（趣旨）をとらえる問題でしたが、英語の IMAGES 形式は長文を読んで各質問に適切な回答を選択する問題形式です。

★ IMAGES 形式を解くポイント

① 質問内容を先に把握しておくと正答を見つけやすい

② 時間制限が厳しいので英文を速読することを意識する

解答のコツ

英語テストの IMAGES 形式は、問題文自体の難易度は GAB 形式と同様、それほど高くありません。また、**実用的な文章も出題される**ので、問題文の内容は比較的つかみやすいといえるでしょう。問題文中に設問の表現がそのまま記述されていれば、その選択肢が正答となる可能性が高いのですが、選択肢の英文量も多いため、読解に時間がかかります。

英文の内容をきちんと理解することが重要ですが、意味のわからない単語が多いと内容が理解できませんので、英語が苦手な人は語彙力の強化にも力を入れましょう。

アドバイス

英単語の語彙力が高いほど、スムーズに英文の内容を理解することができます。語彙力を強化し、英文読解の速読力の向上にも努めましょう。

課題文 Ⅰ

解答時間 **75** 秒

以下の英語の文章を読んで、設問に適する解答を A ～ E の選択肢から選び、ボタンをクリックしなさい。

According to the latest report on the world population by the United Nations, the world in the twenty-first century is facing a rapidly aging society, and this unavoidable fact presents many challenges. The more people aged 60 years or older there are, the need for well-funded social safety nets becomes more urgent, especially, in developing countries.

Somewhere in the world, two people turn 60 every second. By the year 2050, there will be over two billion senior citizens on the planet. The life expectancy is supposed to rise up to 74 years in the developing countries and 83 years in the developed countries during the same period. Such a projection shows we will have to fulfill a greater demand for the social security including pension, health care and opportunity to work.

Japan stands out as the only country in the world with 30% of its population consisting of older citizens. However, 64 countries are expected to catch up with Japan by 2050. The fast growth of aging society makes a global trend beyond various levels of economic development. By 2050, 34 percent of the population will be 60 years and over in Europe and 27 percent in the North America, while l0 percent in Africa and 24 percent in Asia.

Question I : What is the most serious problem resulting from "aging society" as a global trend?

○ A   There are more poor people in the developing countries.

○ B   The Japanese government is expected to give the best model as an aging country.

○ C   Many countries have to decrease the necessary cost for the pension.

○ D   There will be a greater difference in economic development among countries.

○ E   The aging society will put greater pressure on governments to maintain social security.

Question 2: What will be the life expectancy in the developing countries by 2050?

○ A   60 years
○ B   64 years
○ C   65 years
○ D   74 years
○ E   83 years

Question 3 : How many countries are expected to have the aged population of more than 30 percent by 2050 in the world?

○ A   24 countries
○ B   27 countries
○ C   34 countries
○ D   64 countries
○ E   65 countries

解答・解説

【本文意訳】

　国連が発表した世界人口に関する最新報告によると、21 世紀の世界は急速な高齢化社会に直面しており、この避けがたい事実は多くの課題を引き起こしている。60 歳以上の人口が増えるにつれて、特に途上国において、潤沢な資金をもつ社会的セーフティネットの必要性は一層急を要するようになっている。

　世界中で、毎秒 2 人が 60 歳になっている。2050 年までに、地球上には 20 億人以上の高齢者がいることになるだろう。同期間に、途上国の平均寿命は最高 74 歳に、先進国の平均寿命は 83 歳にまで上がるといわれている。こうした予測は、私たちが年金や健康管理、雇用の機会などの社会保障のために、より多くの要求を満たさなくてはならなくなることを示している。

　日本は、世界で唯一、人口の 30 ％が高齢者で占められている際立った存在だ。しかしながら、2050 年までにあと 64 カ国が、日本のこの状況に追いつくと予測されている。高齢化社会の急成長は、経済の発展を示すあらゆる水準を上回って急速に世界的に広がっている。2050 年までにヨーロッパでは人口の 34 ％、北アメリカでは 27 ％が 60 歳以上になるだろう。一方でアフリカにおける数値は 10 ％、アジアでは 24 ％である。

【問 1　設問文・選択肢の訳文】

問 1：世界的動向として「高齢化社会」がもたらす最も深刻な問題は何か。

A　途上国にさらに貧困な人々が増える。

B　日本政府は高齢化国として最善のモデルを提供すると期待されている。

C　多くの国が年金に必要なコストを削減しなくてはならない。

D　各国間で経済的発展の格差が広がる。

E　高齢化社会は、社会保障を維持する圧力を政府にさらにかけることになる。

【問Ⅰ　解答・解説】

第Ⅰ段落に、「60歳以上の人口が増えるにつれて、特に途上国において、潤沢な資金をもつ社会的セーフティネットの必要性は一層急を要するようになっている」とあるので、社会保障の問題に触れている E が正解。

正解　E

【問2　設問文・選択肢の訳文】

問2：2050年までに、途上国における平均寿命は何歳になるか。

A　60歳　　B　64歳　　C　65歳　　D　74歳　　E　83歳

【問2　解答・解説】

第2段落に「同期間に、途上国の平均寿命は最高74歳に、先進国の平均寿命は83歳にまで上がるといわれている」とあるので、D が正解。

正解　D

【問3　設問文・選択肢の訳文】

問3：2050年までに高齢者の割合が人口の30％を上回ると予測されている国は全世界で何カ国か。

A　24カ国

B　27カ国

C　34カ国

D　64カ国

E　65カ国

【問3　解答・解説】

日本が現時点で高齢人口が30％を占めている唯一の国であり、さらに2050年までには64カ国が仲間入りするので、2050年までには合計で少なくとも65カ国となると予測できる。

正解　E

4章

【3日で対策　3日目】
実力模試にチャレンジ

CONTENTS

制限時間
9分

Check
☑ ☑ ☑

問題 1 〜 5　　　　　　　解答 別冊 P.2　解答時間 **50** 秒　□□⊠

□に入る数値として正しいものを、選択肢の中から 1 つ選びなさい。

1　$4 \times \square = 13 + 35$

○ 12　　○ 16　　○ 24　　○ 28　　○ 48

2　$1/3 + 1/6 = \square$

○ 5％　　○ 10％　　○ 20％　　○ 50％

○ 200％

3　$\square + 30 = 97 - 39$

○ 18　　○ 22　　○ 28　　○ 32　　○ 38

4　$\square \div 7 + 13 = 20$

○ 21　　○ 28　　○ 35　　○ 45　　○ 49

5　$\square \div 4 = 48 - 36$

○ 24　　○ 48　　○ 52　　○ 60　　○ 72

6 　$12 \div \square = 3 \times 2$

○2　　○3　　○4　　○6　　○12

7 　$7 \times (\square - 11) = 32 - 18$

○13　　○14　　○15　　○16　　○17

8 　$3 \times 4 \times \square = 4 \times 5 \times 6$

○5　　○10　　○15　　○20　　○25

9 　$6 = 3 \times (\square - 11)$

○13　　○14　　○15　　○16　　○17

10 　$3 \times \square + 17 = 25$

○2/3　　○4/3　　○2　　○8/3　　○3

4 章
【3日で対策 3日目】
実力模試にチャレンジ

11 □ ÷ 100 = 0.01 + 0.002

○ 12　　○ 1.2　　○ 0.12　　○ 0.012　　○ 0.0012

12 1 / 4 = □

○ 15%　　○ 20%　　○ 25%　　○ 30%　　○ 75%

13 7 ÷ 16 = 1 / 4 × □

○ 4 / 7　　○ 6 / 7　　○ 7 / 4　　○ 9 / 4

○ 32 / 7

14 (49 − □) ÷ 9 = 4

○ 4　　○ 13　　○ 22　　○ 31　　○ 40

15 4 × □ + 20 = 13 × 4

○ 6　　○ 7　　○ 8　　○ 9　　○ 12

16 $(7 + 5) \times \square = (17 - 11) \times 6$

○ 1.5　　○ 2　　○ 2.5　　○ 3　　○ 4

17 $5 - 12 \times \square = 3$

○ 1 / 24　　○ 1 / 12　　○ 1 / 6　　○ 1 / 4

○ 1 / 3

18 $23 - 14 = 38 - \square - 11$

○ 8　　○ 12　　○ 18　　○ 22　　○ 28

19 $240 \ の \square \% = 76.8$

○ 20.2　　○ 27　　○ 28　　○ 32　　○ 40.2

20 $(7 + \square) \times 4 / 3 = 32$

○ 5　　○ 7　　○ 11　　○ 14　　○ 17

4章
【3日で対策 3日目】
実力模試にチャレンジ

21 $\square \div 3 = 48$

◯ 16　◯ 45　◯ 51　◯ 144　◯ 192

22 $1/3 \times \square = 3 \div 7$

◯ 1/7　◯ 7/9　◯ 9/7　◯ 2　◯ 7/3

23 $\square = 27 \times 64$

◯ 91　◯ 162　◯ 448　◯ 1728　◯ 2782

24 $\square = 1/20$

◯ 0.5％　◯ 1％　◯ 2％　◯ 4％　◯ 5％

25 $294 \div \square = 21 \div 5$

◯ 7　◯ 42　◯ 70　◯ 420　◯ 700

26　18 ÷ 6 = 3 × ▢

　　○1 / 3　　○1 / 6　　○1　　○4 / 3　　○5 / 3

27　(17 − 6) × (▢ − 4) = 77

　　○5　　○7　　○9　　○10　　○11

28　23 − 11 = 2.5 × ▢ + 0.5 × ▢　（▢には同じ値が入る）

　　○2　　○4　　○6　　○8　　○12

29　24 ÷ ▢ = 2 / 3 × 12

　　○3　　○4　　○6　　○8　　○12

30　8 / 3 × ▢ = 2

　　○0.5　　○0.75　　○1　　○1.25　　○1.5

31 $84 \div \square = 6 \times 7$

○2　　○3　　○4　　○6　　○8

32 $\square \times 0.6 \div 9 = 1/2 + 1/3$

○2.5　　○7.5　　○12.5　　○27.5　　○32.5

33 $1.7 + \square + 2.4 = 9.4 - 3.7$

○0.6　　○1.6　　○2.6　　○3.2　　○3.6

34 $\square \times 4/9 = 6/7 \times 14$

○18　　○27　　○36　　○45　　○54

35 $15 \div 6 = \square \times 3$

○1/3　　○2/3　　○5/6　　○4/3

○5/3

36　$0.02 = 8 \div \square$

○ 12　　○ 40　　○ 120　　○ 400　　○ 1200

37　$3 \div 0.1 = 15 \times \square \div 1.25$

○ 0.25　　○ 0.75　　○ 1.25　　○ 1.75　　○ 2.5

38　$\square = 44 \times 19$

○ 63　　○ 396　　○ 836　　○ 1276　　○ 4356

39　$3 / 5 + 1 / 4 = 17 \times \square$

○ 5 %　　○ 12.5%　　○ 20%　　○ 25%

○ 50%

40　$27 \div 8 = \square \times 3$

○ 3 / 4　　○ 7 / 8　　○ 8 / 9　　○ 9 / 8

○ 11 / 9

4 章
【3日で対策 3日目】
実力模試にチャレンジ

41 35 の□% ＝ 203

　○58　　○160　　○290　　○580　　○1060

42 12 × □ ＝ 8 ÷ 3

　○1 / 9　　○2 / 9　　○1 / 3　　○4 / 9

　○4 / 3

43 1.5 × 8 ＝ 15 × □ ÷ 0.5

　○0.16　　○0.4　　○0.8　　○2　　○3.2

44 3 × □ ÷ 8 ＝ 1.6 × 3 ÷ 4

　○4 / 5　　○5 / 4　　○12 / 5　　○16 / 5

　○25 / 6

45 (□ － 9) ÷ 3 ＝ 24

　○17　　○63　　○81　　○91　　○107

46 $39 \div 13 = 15 \div (19 - \square)$

○11　　○12　　○13　　○14　　○15

47 $1 \times 5/6 = 1 \div \square$

○3/4　　○4/5　　○5/6　　○6/5

○3/2

48 $2/5 + 3/10 = 14 \times \square$

○0.5%　　○2%　　○5%　　○20%　　○50%

49 $4/3 - 5/4 = 1/6 \div \square$

○1/2　　○2　　○5/2　　○20　　○25

50 $(11 - 2) \times (7 - \square) = 18$

○2　　○3　　○4　　○5　　○6

計数テスト（図表の読み取り）

問題1　　　　　　　解答 別冊 P.8 〜 9　⏱ 解答時間 **25** 秒　□回⊠

グラフを見て次の問いに答えなさい。

【製品売上個数の増加率（2021 年、2022 年、2023 年）】

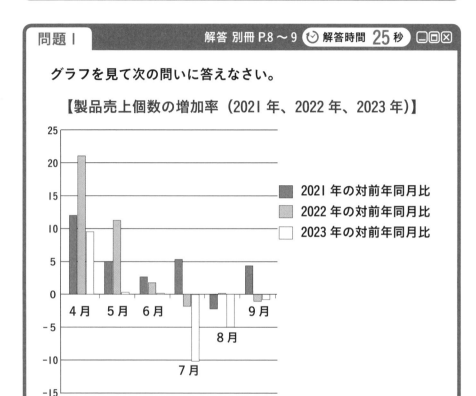

■ 2021 年の対前年同月比
□ 2022 年の対前年同月比
□ 2023 年の対前年同月比

（単位：%）

2021 年 7 月の製品売上個数を x と置くと、2020 年 7 月の売上個数はおよそどのように表されるか。最も近いものを以下の選択肢の中から 1 つ選びなさい。

○　$0.5x$

○　$0.9x$

○　$0.95x$

○　$1.05x$

○　$1.5x$

グラフを見て次の問いに答えなさい。

【平成 27 年度一般会計予算・歳入】

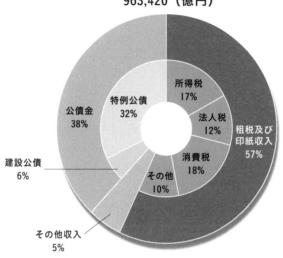

一般会計歳入総額
963,420（億円）

特例公債 32%
公債金 38%
所得税 17%
法人税 12%
租税及び印紙収入 57%
建設公債 6%
消費税 18%
その他 10%
その他収入 5%

出典：財務省ウェブサイト（https://www.mof.go.jp/policy/budget/
budger_workflow/budget/index.html）

日本における平成 27 年度の所得税の納税者数を 6 千万人と
すると、1 人あたりが 1 年間に負担した所得税の金額はおよ
そ何万円か。最も近いものを以下の選択肢の中から 1 つ選び
なさい。

○　19.7 万円

○　24.8 万円

○　27.3 万円

○　31.5 万円

○　34.6 万円

4 章
【3日で対策 3日目】
実力模試にチャレンジ

グラフを見て次の問いに答えなさい。

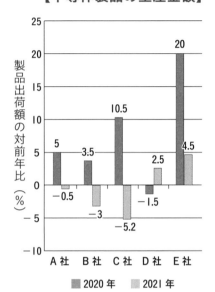

【半導体製品の生産金額】

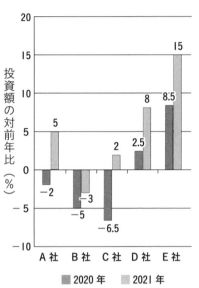

【投資額】

2020年のC社の半導体製品の生産金額を x とおくと、2021年の生産金額はおよそどのように表されるか。最も近いものを以下の選択肢の中から1つ選びなさい。

○　$-0.053x$

○　$0.948x$

○　$x - 5.3$

○　$15.7 + x$

○　$1.052x$

表を見て次の問いに答えなさい。

【構造別・所有関係別住宅数比率（平成 25 年）】

①建て方・階数、構造別　　　　　　　（単位：%）

建て方・階数＼構造		木造	防火木造	鉄筋・鉄骨コンクリート造	鉄骨造	その他	計
全 体		25.5	32.3	33.9	8.0	0.3	100.0
一戸建	1 階建	69.0	26.6	3.3	0.8	0.3	100.0
	2 階建	39.0	54.1	3.2	3.4	0.3	100.0
	3 階建以上	14.5	46.0	20.4	18.6	0.5	100.0
長屋建	1 階建	51.8	26.2	8.6	6.3	7.1	100.0
	2 階建	26.1	43.8	16.3	12.0	1.8	100.0
	3 階建以上	10.9	34.3	31.4	23.4	0.0	100.0
共同住宅	1 階建	40.0	28.6	25.7	5.7	0.0	100.0
	2 階建	11.7	32.4	23.7	31.6	0.6	100.0
	3 階建以上	0.2	0.9	92.0	6.9	0.0	100.0

②所有関係別 （単位：%）

持 家			59.9
借家	公営		3.8
	UR・公社		1.6
	民営	木造	8.3
		非木造	19.5
	給与住宅		2.1
その他			4.8
計			100.0

出典：総務省統計局統計調査部国勢統計課「住宅・土地統計調査報告」

住宅の総数が 5,200 万戸であるとすると、そのうち民営の借家はおよそ何戸か。最も近いものを以下の選択肢の中から 1 つ選びなさい。

○ 1,450 万戸

○ 1,500 万戸

○ 1,550 万戸

○ 1,600 万戸

○ 1,650 万戸

グラフを見て次の問いに答えなさい。

【P県とQ県の売り場面積の推移（2010年＝100としたときの指数)】

P県の売り場面積

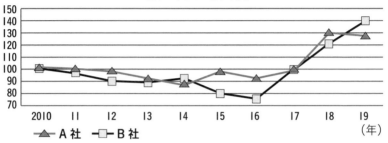

―▲― A社 ―□― B社　　　　　　　　　　（年）

Q県の売り場面積

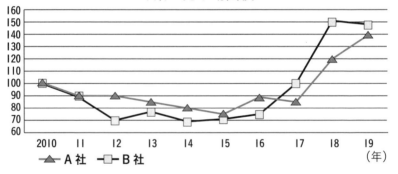

―▲― A社 ―□― B社　　　　　　　　　　（年）

売り場面積が前年比で最も大きく落ち込んだのはいつか。以下の選択肢の中から1つ選びなさい。

○　P県のB社　2010年から2011年にかけて

○　P県のA社　2013年から2014年にかけて

○　P県のB社　2014年から2015年にかけて

○　Q県のA社　2012年から2013年にかけて

○　Q県のB社　2011年から2012年にかけて

表を見て次の問いに答えなさい。

【国別国民総生産】

国名		A		B		C		D		E	
年度		2005	2020	2005	2020	2005	2020	2005	2020	2005	2020
国民総生産（億ドル）		1,030	3,210	6,350	9,540	1,270	2,730	7,060	15,950	4,020	12,360
経済活動別国内所得構成比（％）	第1次産業	10.2	7.6	8.3	6.8	12.6	10.5	4.9	3.8	6.2	4.1
	第2次産業	31.3	31.0	32.2	30.6	37.2	34.1	35.2	34.3	33.4	31.6
	第3次産業	58.5	61.4	59.5	62.6	50.2	55.4	59.9	61.9	60.4	64.3

**2005 年と比較して 2020 年における国民総生産額の増加率が
3 番目に高いのはどの国か。**

○ A

○ B

○ C

○ D

○ E

表を見て次の問いに答えなさい。

【世界の主要食料品貿易額の推移】

区分	1980 年	1990 年	2000 年	2005 年	2009 年
	主要食料品貿易額（単位：億ドル）				
全体	1,966	2,820	3,996	6,413	9,370
畜産物・酪農品	364	588	817	1,329	1,773
水産物	123	308	507	715	874
穀物類・飼料類	523	576	696	1,024	1,715
野菜類・果実類	240	476	687	1,141	1,580
その他	716	872	1,289	2,204	3,428
	対前年増加率（単位：%）				
畜産物・酪農品	4.2	5.8	3.7	6.2	3.1
水産物	10.1	14.7	6.6	4.3	1.9
穀物類・飼料類	0.8	0.9	2.4	4.9	6.4
野菜類・果実類	7.8	9.5	4.1	6.1	3.9
その他	3.2	2.5	4.3	7.5	5.1

2005 年における主要食料品貿易額の「全体」に占める「穀物類・飼料類」の割合はおよそ何割か。最も近いものを以下の選択肢の中から1つ選びなさい。

○ 2.2 割

○ 1.8 割

○ 1.6 割

○ 1.2 割

○ 0.4 割

表を見て次の問いに答えなさい。

【携帯電話契約台数と対前月比と対前年同月比】

2023 年 10 月	契約台数（千台）	前月比	前年同月比
A 社	50,700	1.01	1.15
B 社	45,000	0.99	0.90
C 社	35,000	1.05	1.35
D 社	20,500	0.95	0.74
合計	151,200	1.00	1.02

2022 年 10 月の契約台数が 3 番目に多い会社はどれか。以下の選択肢の中から 1 つ選びなさい。

○ A 社

○ B 社

○ C 社

○ D 社

○ C 社と D 社

グラフを見て次の問いに答えなさい。

【主な死因別死亡率の割合】

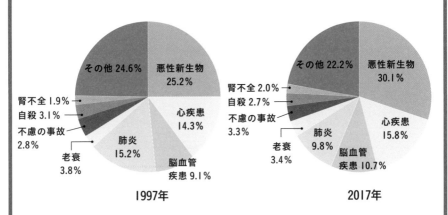

1997年　　　　　　　　　　　2017年

次の記述のうち、グラフから明らかに正しいといえるものはどれか。以下の選択肢の中から１つ選びなさい。

○ 2017年の悪性新生物による死亡率は肺炎による死亡率のおよそ3.8倍である

○ 毎年最も高い死亡率は悪性新生物である

○ 2017年の不慮の事故による死亡者数を１としたとき、心疾患による死亡者数は5.1である

○ 老衰の割合は年々高まっている

○ 2017年は死亡率上位４位までで、全体のおよそ３分の２を占めている

表を見て次の問いに答えなさい。

【航空旅客数の推移】

(単位：千人、%)

航空路線		年度	平成22年	平成23年	平成24年	平成25年	平成26年
国内線		旅客数	82,194	79,052	85,968	92,643	95,199
		増減率	−2.0	−3.8	8.7	7.8	2.8
国際線		旅客数	13,707	12,594	14,209	15,085	16,452
		増減率	−11.0	−8.1	12.8	6.2	9.1
合計		旅客数	95,901	91,646	100,177	107,728	111,651
		増減率	−3.4	−4.4	9.3	7.5	3.6
主要国際路線方面	中国	旅客数	2,999	2,783	2,759	2,845	3,102
		増減率	−5.5	−7.2	−0.9	3.1	9.0
	韓国	旅客数	1,873	1,641	1,948	1,762	1,572
		増減率	−15.5	−12.4	x	−9.5	−10.8
	その他アジア	旅客数	4,160	4,158	5,043	5,747	6,647
		増減率	−10.3	−0.0	21.3	14.0	15.7
	米大陸	旅客数	1,485	1,432	1,743	1,977	2,260
		増減率	−8.3	−3.6	21.7	13.4	14.3
	太平洋	旅客数	1,773	1,341	1,352	1,388	1,411
		増減率	−13.0	−24.4	0.8	2.7	1.7

※米大陸とは、西海岸、東海岸、内陸部、アラスカ、カナダ、ブラジル等の路線。太平洋とは、ハワイ、グアム等の路線。
出典：国土交通省「航空輸送統計調査速報（平成26年度）」

**空欄 x に入る数値として正しいものはどれか。最も近いもの
を以下の選択肢の中から１つ選びなさい。**

○ 18.5

○ 18.7

○ 18.9

○ 19.1

○ 19.3

グラフを見て次の問いに答えなさい。

【牛丼屋各社における売上高の対前月増加率の推移】

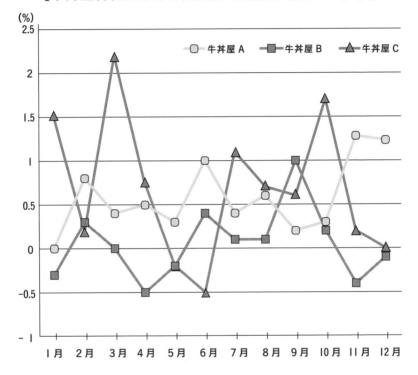

2月から6月の間で、前月に対して牛丼屋Bの売上高の変化の割合が最も大きいのはいつか。以下の選択肢の中から1つ選びなさい。

○ 2月

○ 3月

○ 4月

○ 5月

○ 6月

グラフを見て次の問いに答えなさい。

【日本の二酸化炭素総排出量の推移】

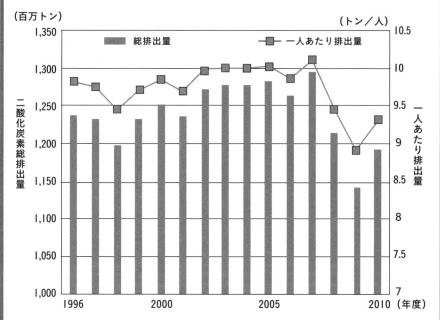

（百万トン）　　　　　　　　　　　　　　　　　　　（トン／人）

出典：温室効果ガスインベントリオフィス「日本の 1990 ～ 2010 年度の温室効果ガス排出量データ」
（2012 年度公表）

一人あたりの排出量の増加率が、前年と比較したときに最も
大きいのは何年度か。以下の選択肢の中から１つ選びなさい。

○ 2000 年度

○ 2002 年度

○ 2006 年度

○ 2009 年度

○ 2010 年度

グラフを見て次の問いに答えなさい。

【牛肉の国内生産量・輸入量】

国内生産量、輸入量：万トン
国産率：%

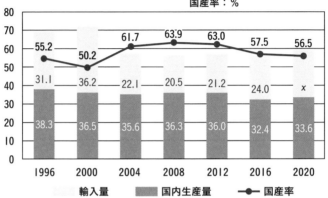

出典：「財務省貿易統計」（税関ホームページ）（https://www.customs.
go.jp/toukei/info/）、「食肉流通統計」（農林水産省）（https://www.
maff.go.jp/j/tokei/kouhyou/tikusan_ryutu/）をもとに作成

x はおよそいくらか。最も近いものを以下の選択肢から 1 つ選びなさい。

○ 20.1

○ 22.8

○ 24.0

○ 25.9

○ 28.3

グラフを見て次の問いに答えなさい。

【主要国からのアルコール類輸入額の割合の推移】

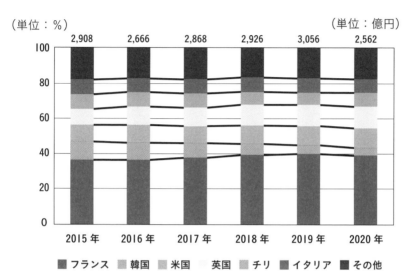

（単位：％）　　　　　　　　　　　　　　　　　（単位：億円）

出典：「品目別貿易実績」（農林水産省）をもとに作成

次の記述のうちグラフを正しく説明しているものはいくつあるか。以下の選択肢から1つ選びなさい。

・2017年においてフランスと韓国からの輸入額の合計は1,450億円以上である。

・2015年におけるフランスからの輸入割合が37％だとすると、フランスからの輸入量は2020年の方が多い。

・2019年におけるフランス以外からの輸入額は、およそ1,830億円である。

・2016年から2019年のイタリアの割合がほぼ一定だとすると、イタリアからの輸入量は3年間で16％以上増えた。

○ 0　　○1つ　　○2つ　　○3つ　　○4つ

グラフを見て次の問いに答えなさい。

【甲乙丙町間のバスの運行】

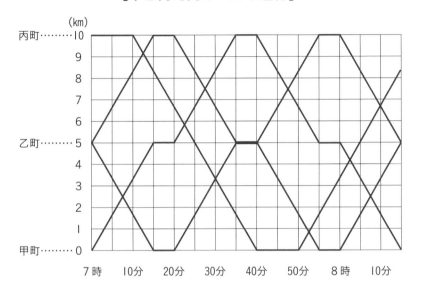

丙町を 7 時 20 分に出発したバスは、甲町から丙町に向かうバスと甲町と乙町の間で出会う。その出会う時刻を以下の選択肢の中から 1 つ選びなさい。

○ 7 時 12 分 30 秒

○ 7 時 27 分 30 秒

○ 7 時 47 分 30 秒

○ 7 時 52 分 30 秒

○ 8 時 7 分 30 秒

グラフを見て次の問いに答えなさい。

【10 年前と比較した飲食店形態毎の利便性アンケート結果】

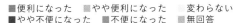

■便利になった　■やや便利になった　変わらない
■やや不便になった　■不便になった　■無回答

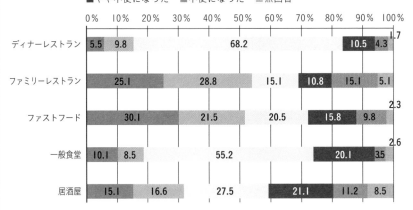

10 年前と比較してファストフードが「やや便利になった」と感じた人の割合を x と置くと、ファミリーレストランのそれはおよそどのように表されるか。最も近い値を以下の選択肢の中から 1 つ選びなさい。

○ 0.83x

○ 0.98x

○ 1.12x

○ 1.20x

○ 1.34x

グラフを見て次の問いに答えなさい。

【地域別自動車生産台数】

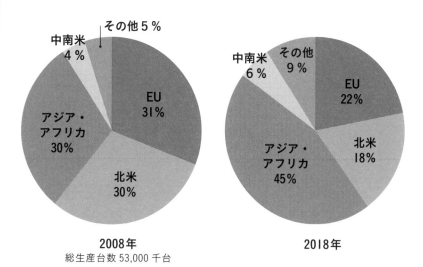

2008年
総生産台数 53,000 千台

2018年

2018 年の北米の自動車生産台数は、2008 年比で 19％減少したとすると、2018 年の総生産台数はおよそ何千台か。最も近いものを以下の選択肢の中から 1 つ選びなさい。

○ 65,450 千台

○ 67,450 千台

○ 70,450 千台

○ 71,550 千台

○ 73,550 千台

グラフを見て次の問いに答えなさい。

【農産物輸入相手国の割合】

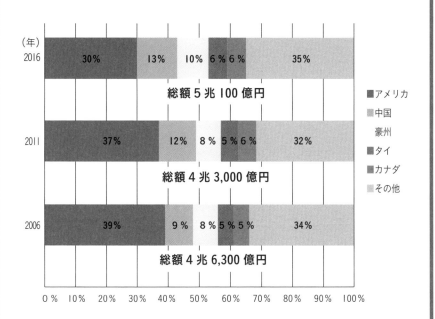

2006 年のタイからの輸入額を 1 とすると、2016 年のアメリカからの輸入額はおよそいくつで表されるか。最も近いものを以下の選択肢の中から 1 つ選びなさい。

○ 4.5

○ 5.0

○ 5.5

○ 6.0

○ 6.5

グラフを見て次の問いに答えなさい。

【産業別就業人口の推移】

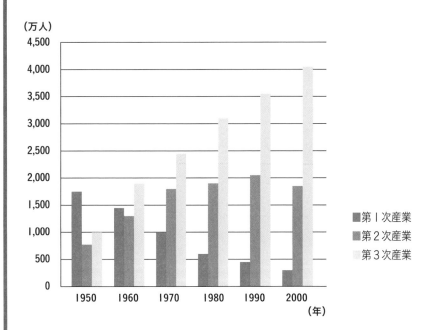

1970 年の第１次産業就業者数を x とすると、1950 年の就業者全体の数はおよそいくつで表されるか。最も近いものを以下の選択肢の中から１つ選びなさい。

○ 0.75x

○ 1.75x

○ 3.50x

○ 4.20x

○ 5.25x

表を見て次の問いに答えなさい。

【日本の産業別就業者数の推移】

(単位：万人)

年次	総数	農業・林業	建設業	製造業	運輸・郵便業	卸売・小売業	金融・保険・不動産業	教育・学習支援業	医療・福祉	その他
2002	6,330	268	618	1,202	327	1,108	270	277	474	1,786
2004	6,329	264	584	1,150	326	1,085	257	279	531	1,853
2006	6,389	250	560	1,163	328	1,076	262	282	571	1,897
2008	6,409	247	541	1,151	343	1,070	275	284	600	1,898
2010	6,298	237	504	1,060	352	1,062	273	289	656	1,865
2012	6,270	224	503	1,032	340	1,042	275	295	706	1,853
2014	6,351	209	505	1,040	336	1,059	266	301	757	1,878
男	3,621	126	431	731	273	515	142	134	187	1,082
女	2,730	83	74	309	63	544	124	167	570	796
☒ <2002年～2014年の増加率>	0.3%	−22.0%	−18.3%	−13.5%	2.8%	−4.4%	−1.5%	8.7%	x	5.2%

出典：総務省統計局「労働力調査結果」2002年～2014年集計分より作成

2002から2014年にかけての「医療・福祉」の就業者数増加率を x とするとき、この x に入る数値はどれか。最も近いものを以下の選択肢の中から1つ選びなさい。

○ 20.3%

○ 37.4%

○ 48.9%

○ 59.7%

○ 65.1%

グラフを見て次の問いに答えなさい。

【中東からの国別原油輸入量の推移】

（単位：十万 k L）

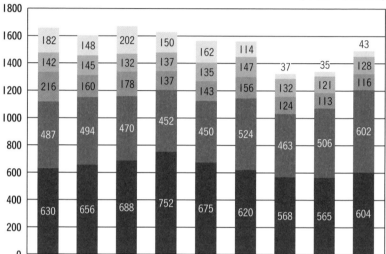

出典：資源エネルギー庁　「石油製品需給動態統計調査」より作成

2016 年から 2023 年の間で、アラブ首長国連邦からの原油輸入量がこの 8 年間の平均を上回った年は何回あるか。以下の選択肢の中から 1 つ選びなさい。

○ 1 回

○ 2 回

○ 3 回

○ 4 回

○ 5 回

グラフを見て次の問いに答えなさい。

【A 社の部門別売上高】

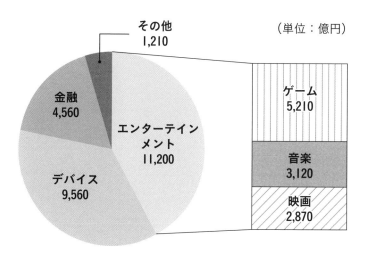

この翌年、金融部門の売上高のみが増加し、他の部門の売上高は前年と同じ金額だったとして、売上高合計に占めるエンターテインメント部門の割合が 40％になったとすると、金融部門の売上高はおよそいくら増加したか。最も近いものを以下の選択肢から 1 つ選びなさい。

○ 1,350 億円

○ 1,470 億円

○ 1,560 億円

○ 1,680 億円

○ 1,760 億円

表を見て次の問いに答えなさい。

【身長表】

身長（cm）	度数（人）	累積度数（人）
155 以上 160 未満	1	1
160 以上 165 未満	5	6
165 以上 170 未満	14	20
170 以上 175 未満	11	31
175 以上 180 未満	5	36
180 以上 185 未満	3	39
185 以上	1	40

身長 175cm 以上の生徒は全体の何％か。以下の選択肢の中から1つ選びなさい。

○ 3.0 %

○ 7.5 %

○ 8.0 %

○ 12.5 %

○ 22.5 %

表を見て次の問いに答えなさい。

【映像・音声・文字情報制作業の実質国内生産額の推移】

（単位：十億円）

	2016年	2017年	2018年	2019年	2020年
映像・音声・文字情報制作（除、ニュース供給）	3,269	3,419	3,411	2,956	2,601
新聞	1,845	1,798	1,721	1,648	1,502
出版	1,750	1,579	1,446	1,345	1,316
ニュース供給	115	129	139	160	141
合計	6,979	6,926	6,717	6,109	5,560

出典：総務省「令和4年版情報通信白書」
（https://www.soumu.go.jp/johotsusintokei/whitepaper/r04.html）より作成

2021年の映像・音声・文字情報制作（除、ニュース供給）の生産額の対前年比減少率が2019年～2020年の減少率と同じだった場合、2021年の映像・音声・文字情報制作（除、ニュース供給）の生産額はおよそいくらになるか。最も近いものを以下の選択肢の中から1つ選びなさい。

○ 19,900 億円

○ 20,400 億円

○ 21,700 億円

○ 22,900 億円

○ 23,600 億円

表を見て次の問いに答えなさい。

【人口と国会議員数・人口密度・1人あたりの GDP の国際比較】

	人口（千人）	国会議員1人に対する人口 人口/国会議員数 （千人/人）	人口密度 （人/km²）	1人あたりの GDP （米ドル）
イギリス	59,500	56.7	197	40,862
イタリア	57,370	63.4	236	38,325
フランス	59,520	66.3	94	46,675
カナダ	30,750	75.9	3	56,551
ドイツ	82,260	109.0	230	43,853
日本	127,770	174.5	338	45,915
ロシア	145,500	231.7	9	12,718
アメリカ	281,420	526.0	29	53,570

カナダの国会議員数は何人か。以下の選択肢の中から1つ選びなさい。

○ 405 人

○ 535 人

○ 732 人

○ 898 人

○ 905 人

グラフを見て次の問いに答えなさい。

【通信媒体の普及率と契約数】

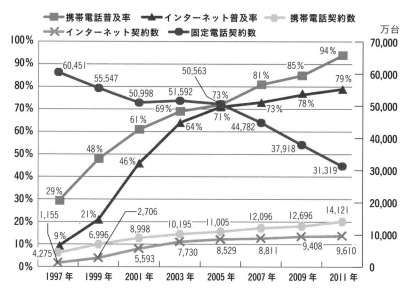

グラフから明らかに正しいといえるものはどれか。以下の選択肢の中から1つ選びなさい。

○ 近年、固定電話契約者がインターネット利用に変わってきている

○ 2011年の携帯電話普及率は1997年と比較しておよそ2.5倍になっている

○ 2015年には携帯電話契約数が固定電話契約数を上回る

○ 1997年の携帯電話の契約数に比べ、2011年は3.3倍になっている

○ 現状ではインターネットの普及率は固定電話の普及率を上回っていない

グラフを見て次の問いに答えなさい。

【全国の小学校・中学校・高等学校数の推移】

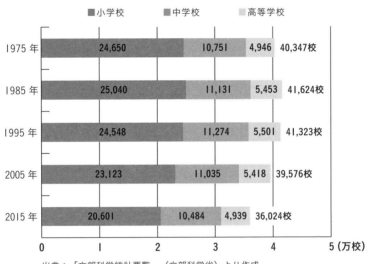

■小学校　　■中学校　　■高等学校

	小学校	中学校	高等学校	合計
1975 年	24,650	10,751	4,946	40,347校
1985 年	25,040	11,131	5,453	41,624校
1995 年	24,548	11,274	5,501	41,323校
2005 年	23,123	11,035	5,418	39,576校
2015 年	20,601	10,484	4,939	36,024校

0　　1　　2　　3　　4　　5 (万校)

出典：「文部科学統計要覧」（文部科学省）より作成

2005 年から 2015 年にかけて、全国の小学校・中学校・高等学校数全体に占める小学校の割合は、およそ何ポイント減少したか。最も近いものを以下の選択肢の中から 1 つ選びなさい。

○ 0.6 ポイント

○ 1.2 ポイント

○ 1.8 ポイント

○ 2.2 ポイント

○ 2.8 ポイント

グラフを見て次の問いに答えなさい。

【産業別、15 歳以上就業者勤務地の割合】

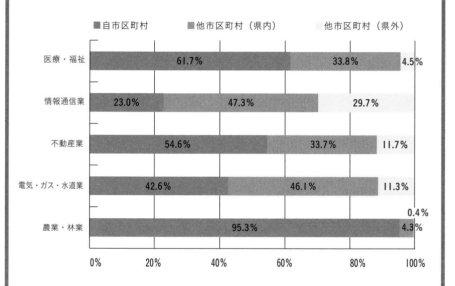

■自市区町村　　■他市区町村（県内）　　□他市区町村（県外）

産業	自市区町村	他市区町村（県内）	他市区町村（県外）
医療・福祉	61.7%	33.8%	4.5%
情報通信業	23.0%	47.3%	29.7%
不動産業	54.6%	33.7%	11.7%
電気・ガス・水道業	42.6%	46.1%	11.3%
農業・林業	95.3%	0.4%	4.3%

情報通信業では、県内勤務の就業者数は県外勤務の就業者数のおよそ何倍か。最も近いものを以下の選択肢の中から1つ選びなさい。

○ 0.8 倍

○ 1.6 倍

○ 2.4 倍

○ 4.7 倍

○ 7.5 倍

表を見て次の問いに答えなさい。

【山陽新幹線の主要駅間の距離表】

(単位：km)

			博多
		広島	280.7
	岡山		442.0
新大阪	180.3	341.6	622.3

岡山－広島間は何 km か。以下の選択肢の中から 1 つ選びなさい。

○ 60.9km

○ 100.4km

○ 161.3km

○ 180.3km

○ 261.7km

計数テスト（表の穴埋め）

| 問題 1 | | 解答 別冊 P.31 | 解答時間 30 秒 | ▭◻✕ |

ある農場では、収穫作業についてデータをまとめている。

【収穫数と所要時間】

	8月3日	8月6日	8月10日	8月13日	8月17日
収穫数（個）	350	420	420	320	？
作業員数（人）	4	3	5	2	4
作業時間（分）	175	280	168	320	190

8月17日の収穫数はいくつと推測できるか。

○ 360 個

○ 370 個

○ 380 個

○ 390 個

○ 400 個

ある建築設計事務所では、ある団地の修繕工事計画に際し、中層棟外壁の塗装費用の見積書を作成している。

【外壁塗装費用の見積金額】

	A棟	B棟	C棟	D棟	E棟	F棟
戸数	20	20	25	25	30	30
延床面積（㎡）	1,701	1,705	2,015	1,998	2,300	2,332
建築面積（㎡）	380	382	425	420	461	470
外壁面積（㎡）	2,200	2,214	2,464	2,398	2,590	2,790
見積金額（千円）	13,200	13,284	12,320	11,990	10,360	?

F棟の外壁塗装費用の見積金額はいくらと推測できるか。

○ 10,030 千円

○ 10,540 千円

○ 11,160 千円

○ 11,890 千円

○ 12,370 千円

ある部品メーカーで、製品Ａの四半期利益の推移についてまとめている。

【製品Ａの四半期利益の推移】

	第１期 (１月～３月)	第２期 (４月～６月)	第３期 (７月～９月)	第４期 (10月～12月)
四半期利益 （千円）	1,080	1,518	2,352	?
販売個数 （千個）	45	66	112	85
原価 （円/個）	120	115	105	110

第４期の四半期利益はいくらと推測できるか。

○ 1,870 千円

○ 1,980 千円

○ 2,060 千円

○ 2,150 千円

○ 2,290 千円

ある保険会社では、契約社員に関するデータをまとめている。

【契約社員のデータ】

	Aさん	Bさん	Cさん	Dさん	Eさん	Fさん
年齢（歳）	28	27	30	33	29	26
勤続年数（年）	5	4	7	11	5	3
担当地域	東北	東北	北関東	南関東	甲信越	甲信越
月平均契約件数（件）	31	25	33	41	19	28
給与（千円）	248	200	264	328	152	？

Fさんの給与はいくらと推測できるか。

○ 185 千円

○ 201 千円

○ 224 千円

○ 245 千円

○ 267 千円

あるスーパーで野菜 A の販売状況をまとめた。

【野菜 A の販売状況】

	1月	2月	3月	4月	5月	6月
仕入れ（個）	350	330	320	310	280	280
販売数（個）	320	320	300	290	270	260
売上高（円）	32,000	33,600	33,000	33,350	32,400	？

6月の売上高はいくらと推測できるか。

○ 30,800 円

○ 31,200 円

○ 31,800 円

○ 32,500 円

○ 32,800 円

ある旅館では、宿泊プランを検討している。

【宿泊プラン】

(単価：円)

	プランA	プランB	プランC	プランD
2 名利用	24,500	18,800	32,800	27,400
3 名利用	34,300	26,300	45,900	38,400
4 名利用	39,200	30,100	52,500	?

宿泊プランDの4名利用時の料金はいくらと推測できるか。

○ 40,500 円

○ 41,600 円

○ 42,700 円

○ 43,800 円

○ 44,900 円

ある引越請負会社では、引越作業を請負う際の見積案を検討している。

【引越作業依頼　見積案一覧】

	プランA	プランB	プランC	プランD	プランE
作業員数（人）	1	2	3	3	4
うち社員（人）	1	1	1	1	1
うちアルバイト（人）	0	1	2	2	3
社員平均人件費（千円／日）	15	15	15	15	15
アルバイト平均人件費（千円／日）	8	8	8	8	8
使用トラック	2tトラック	4tトラック	4tトラック	8tトラック	8tトラック
事務費（千円）	1.3	1.8	2.2	2.6	3.1
見積金額（千円）	21.3	34.8	43.2	53.6	?

プランEの見積金額はいくらと推測できるか。

○　58.4 千円

○　60.2 千円

○　62.1 千円

○　64.7 千円

○　66.8 千円

あるリゾート地では、観光客の推移をまとめている。

【観光客の推移】

（単位：千人）

	2019 年	2020 年	2021 年	2022 年	2023 年
国内からの観光客	618	567	518	466	417
海外からの観光客	12	31	72	134	215
合計数	630	598	590	600	632

この観光客の推移が続くと仮定すると、海外からの観光客の人数が国内からの観光客の人数を上回るのは何年と推測できるか。

- ○ 2024 年
- ○ 2025 年
- ○ 2026 年
- ○ 2027 年
- ○ 2028 年

あるスーパーで、2つの商品をセットで販売する場合の価格について検討している。

【販売価格案】

（商品 A・B 個別の販売価格）

	単価（円）		まとめ売り価格（円）		
	販売価格	仕入値	5 個	10 個	20 個
商品 A	200	90	975	1,900	3,600
商品 B	300	210	1,450	2,800	5,200

（商品 A・B セットでの販売価格）

5 個ずつのセット（円）	2,183
10 個ずつのセット（円）	?
20 個ずつのセット（円）	7,920

商品 A・B を 10 個ずつ販売するときの価格はいくらが妥当と推測できるか。

- ○ 3,870 円
- ○ 4,230 円
- ○ 4,540 円
- ○ 4,710 円
- ○ 4,980 円

ある自動車メーカーが、期間限定の特別販売企画を検討している。

【期間限定特別販売企画】

（単位：万円）

		シンプル企画 （オプション無）		パフォーマンス企画 （本革張りシート）		セーフティ企画 （歩行者検知機能付）	
		通常価格	特別価格	通常価格	特別価格	通常価格	特別価格
versionA	2WD モデル	258	243	288	265	293	271
	4WD モデル	279	259	309	281	314	287
versionB	2WD モデル	378	363	408	385	413	391
	4WD モデル	399	379	429	401	434	?

versionB・4WD モデルのセーフティ企画の特別価格はいくらと推測できるか。

○ 4,030,000 円

○ 4,040,000 円

○ 4,050,000 円

○ 4,060,000 円

○ 4,070,000 円

ある通信会社の支局への社員配置人数を集計した。

【支局社員配置人数表】

（単位：人）

		2020	2021	2022	2023
東海支局	営業部	98	84	95	112
	システム管理部	35	25	20	30
東北支局	営業部	35	30	34	？
	システム管理部	14	10	8	？

2023年度の東北支局の営業部とシステム管理部の社員配置人数はそれぞれ何人と推測できるか。

○ 営業 36 人　システム管理 8 人

○ 営業 38 人　システム管理 10 人

○ 営業 40 人　システム管理 12 人

○ 営業 42 人　システム管理 14 人

○ 営業 44 人　システム管理 16 人

ある文房具店でコピー用紙を販売している。

【コピー用紙価格表】

販売枚数（枚）	20	100	500	2,500	5,000
包装形態	袋詰め	袋詰め	袋詰め	箱詰め	箱詰め
価格（円）	100	160	?	3,500	6,000

500 枚の販売価格はいくらと推測できるか。

○ 600 円

○ 650 円

○ 700 円

○ 750 円

○ 800 円

ある新規開店の、24 時間営業のコンビニエンスストアで、第 6 週までの売り上げをまとめた。

【分野別商品売上表】

（単位：円）

	第1週	第2週	第3週	第4週	第5週	第6週
ファストフード	291,879	276,036	253,478	251,412	237,119	231,436
日配食品	208,485	197,169	181,056	179,580	169,371	？
文具・雑誌・雑貨	194,586	184,024	168,985	167,608	158,079	154,291
総来店者数（人）	1,695	1,603	1,472	1,460	1,377	1,344

日配食品の第 6 週の売上金額はいくらと推測できるか。

○　165,312 円

○　166,523 円

○　166,725 円

○　167,821 円

○　168,265 円

日本輸入車協会は、日本メーカー車の輸入乗用車新車登録数を集計した。

【輸入乗用車新車登録数】

（単位：台）

	2009 年	2010 年	2011 年	2012 年
日本メーカー車（逆輸入車）	3,561	3,578	4,283	4,764
輸入乗用車総計	29,654	27,523	30,562	？

2012 年の輸入乗用車総計は何台と推測できるか。

○ 31,187 台

○ 31,433 台

○ 31,555 台

○ 31,760 台

○ 31,884 台

x県で、農産物生産量の推移をまとめている。

【x県農産物生産量】

（単位：万 t ）

	2016 年	2017 年	2018 年	2019 年	2020 年
じゃがいも	5.6	5.3	4.9	4.8	4.6
キャベツ	8.9	6.9	10.4	8.5	？
レタス	4.1	3.2	4.8	3.9	5.0
りんご	1.5	1.6	1.9	1.4	1.2

2020 年のキャベツの生産量はいくらと推測できるか。

○　8.8 万 t

○　9.6 万 t

○　10.9 万 t

○　11.7 万 t

○　12.5 万 t

ある図書館で本の貸し出し件数について調査をした。

【分野別貸し出し件数推移】

（単位：件）

	2018 年	2019 年	2020 年	2021 年	2022 年
小説	2,800	2,800	2,540	2,680	2,800
児童書	500	680	260	200	360
実用書	5,000	5,220	4,200	4,320	?

2022 年の実用書の貸し出し数は何件と推測できるか。

○ 3,580 件

○ 4,020 件

○ 4,740 件

○ 5,350 件

○ 5,830 件

ある本屋で、新刊書の販売部数を調べている。

【新刊書販売部数の推移】

	発売初日	2 日目	3 日目	4 日目	5 日目	6 日目
来店者数（人）	1,356	1,512	1,410	1,615	1,339	1,212
販売部数（部）	120	95	77	65	58	?

6 日目の販売部数はいくらと推測できるか。

○ 38 部

○ 47 部

○ 55 部

○ 62 部

○ 70 部

4章【3日で対策 3日目】実力模試にチャレンジ

あるスーパーでは地域内の6店舗について、改装する前と後の来店者数と売上額の推移を表にしている。

【改装前後各半年の実績】

		A店	B店	C店	D店	E店	F店
改装前	1カ月あたりの平均来店者数 (千人)	31.0	28.5	41.2	50.8	18.0	34.4
	1カ月あたりの平均売上額 (百万円)	68.2	45.6	51.4	55.0	20.8	55.8
改装後	1カ月あたりの平均来店者数 (千人)	37.2	34.2	49.44	60.96	21.6	41.28
	1カ月あたりの平均売上額 (百万円)	102.3	68.4	77.1	82.5	31.2	?

F店の改装後の1カ月あたりの平均売上額はいくらと推測できるか。

○ 81.75 百万円

○ 82.8 百万円

○ 83.7 百万円

○ 84.85 百万円

○ 85.6 百万円

ある青果店で、特売日の売り上げ予測をしている。

【特売日売上高予測】

	だいこん	にんじん	ごぼう	じゃがいも	さつまいも
通常時の売上高（百円/日）	2,200	2,400	300	1,600	800
特売値引率（％）	50	35	20	40	35
特売日予測売上高（百円）	4,400	6,860	1,500	4,000	?

さつまいもの特売日予測売上高はいくらと推測できるか。

○　1,800 百円

○　1,920 百円

○　2,000 百円

○　2,150 百円

○　2,290 百円

あるレストランでランチセットの販売数をまとめている。

【月別ランチセット販売数】

	1 月	2 月	3 月	4 月	5 月
A ランチ	323	348	282	253	234
B ランチ	277	252	197	186	？
C ランチ	−	−	121	161	146

5 月の B ランチの販売数はいくつと推測できるか。

○ 175

○ 190

○ 205

○ 220

○ 235

Web テストを受検する際の注意点

企業から Web テストの受検案内が届いたら、以下の2点について注意しましょう。

● URL から Web テストの種類を確認する

URL にある文字列によって、ある程度、Web テストの種類に見当をつけることができますので、まずは URL（https:// ○○○○）を必ず確認しましょう。

「玉手箱」あるいは「Web-CAB」の場合は、URL に「e-exams.jp」が含まれます。また「WEB テスティング」の場合には、URL に「arorua.net」が含まれます。この点を確認するだけで Web テストの種類を絞ることが可能です。

◆あなたの ID は XXXXXXXX です。

この場合は WEB テスティング。
e-exams.jp なら玉手箱の可能性大！

◆下記 URL https:arorua.net ～（試験を受検するための URL）

※ URL をクリックしても正しく表示されない場合は、URL を
コピーし、ブラウザのアドレスバーにはりつけてください。

◆受検可能期間

XXXX 年 X 月 X 日　X 時 XX 分 ～ XXXX 年 X 月 X 日　23 時 59 分

◆検査の所要時間は約 65 分です。

● 受検の際のトラブルを想定しておく

Web テストでは「フリーズした」「画面の切り替えが重くなった」などのトラブルが起こる可能性があります。万が一トラブルが起こった場合、企業に問い合わせを行うことも想定しておきましょう。そのためにも受検期間の最終日のギリギリの受検は極力避け、余裕を持って受検をするように心がけましょう。

| 課題文Ⅰ | 解答 別冊 P.47 | 解答時間 110秒 | ▢▢☒ |

以下の本文を読んで、設問文1つ1つについてA・B・Cのいずれに当てはまるかクリックして答えなさい。

　人間の脳にとって、この世界がどのような成り立ちでできあがっているのか、それを知ることは、最も深く長続きのする「欲望」の対象であるはずである。私自身、「知る」ということに捧げた人生であるはずだった。ところが最近になって、知るということはいったいどのようなことなのか、確信が持てなくなってきた。考えれば考えるほど、ますますわからなくなっていく。いよいよ病は重い。しかし、それゆえに希望も増していく。情熱は闇夜の松明のように燃えさかる。

　もともと、情熱（passion）という言葉は、キリストの「受難」（Passion）と同じ語源を持つ。この世で難を受けるからこそ、困ったことがあるからこそ、情熱は生まれる。誰だって、生きていくうえで苦しいことや悲しいことくらいある。だからこそ、生きるエネルギーも湧いてくるのである。親しみやすい演歌の世界からバッハのマタイ受難曲の至高の芸術性まで、情熱は受難によってこそ貫かれているのだ。

　知的探求も同じだ。そう簡単にわかってしまったり、知り尽くしてしまえるのであれば、そもそも情熱は生まれない。「知る」ということが実にやっかいだからこそ、真理を熱心に探究する気持ちも強くなる。自分の志望する大学に入ったくらいで知の探究をやめてしまうような人は、もともと情熱の総量が足りない。本当に知るということの恐ろしさを知っている人は、無限を前にただ呆然とたたずむしかない。

（茂木健一郎『思考の補助線』筑摩書房）

【問1】

人間は脳で情熱をコントロールしている。

○ A　　　○ B　　　○ C

【問2】

困難な状況こそが情熱の源である。

○ A　　　○ B　　　○ C

【問3】

大学に入ってからが知の探究の始まりである。

○ A　　　○ B　　　○ C

【問4】

「知る」ということが難しいからこそ情熱が生まれる。

○ A　　　○ B　　　○ C

A　文脈の論理から明らかに正しい。または正しい内容を含んでいる。

B　文脈の論理から明らかに間違っている。または間違った内容を含んでいる。

C　問題文の内容からだけでは、設問文は論理的に導けない。

以下の本文を読んで、設問文1つ1つについてA・B・Cのいずれに当てはまるかクリックして答えなさい。

　1980年代に成熟期に入った日本は、挑戦という言葉を忘れたかのように守りに入った。それ以来、将来を語らず、世界の動きを先取りすることもなくなった。築き上げた体制に安住し、改革に目を背けてきた。気候の安定化に向けて産業社会を変えてゆこうとする世界の大きな流れを目の前にしても、将来ビジョンを語ることなく、目先の経済運営に終始している。変化に背を向ける人たちの、地球温暖化は嘘だ、二酸化炭素の排出削減はできない、やると損する、という大合唱が挑戦の足を引っ張ってきた。

　しかし、もはや低炭素時代の到来は必至である。ならば、覚悟を決めてそこに乗り込んで行き、新たな時代の産業で国を興すしかない。日本は高齢化・人口減の国として世界の先頭を切っている。成長期で必要とされた、経済や産業における供給力主体の運営から、成熟期に入って、真の豊かさ、安全安心を保障する社会へと、生活者主体の運営に変わらなければならない時期にある。21世紀の新しいモデルとして、自信と誇りをもって国を運営してゆくありさまを世界に示す絶好の機会でもある。

　「低炭素社会」は日本が世界に発信した概念で、広く社会や個人の行動や考えの改革までを含めている。日本とイギリスの共同研究で提案されていた「低炭素経済」という表現では、この改革の意味を十分に表せないのではないかということで、「低炭素社会」と言ったのである。

（西岡秀三『低炭素社会のデザイン』岩波書店）

【問5】
イギリスは低炭素社会に積極的に対応している。
○ A 　　　○ B 　　　○ C

【問6】
個人の行動や考え方の変化が二酸化炭素の排出削減につながる。
○ A 　　　○ B 　　　○ C

【問7】
産業社会を変革し、生活者が主体となった社会への運営を目指すべきだ。
○ A 　　　○ B 　　　○ C

【問8】
日本とイギリスの共同研究が発展することで低炭素社会の概念が生み出された。
○ A 　　　○ B 　　　○ C

A　文脈の論理から明らかに正しい。または正しい内容を含んでいる。

B　文脈の論理から明らかに間違っている。または間違った内容を含んでいる。

C　問題文の内容からだけでは、設問文は論理的に導けない。

以下の本文を読んで、設問文 1 つ 1 つについて A・B・C のいずれに当てはまるかクリックして答えなさい。

　マネジメントとは、「目標」を設定し、適切な「手段」を選択・実施して、その目標を達成していく「プロセス」を意味している。簡単に言えば「目標と手段の仕事」だ。このマネジメントというものについて、よく「日本人はマネジメントが苦手だ」といわれる。

　例えば数年前に、ある自治体のプールで幼い少女が浄化設備の吸水口に吸い込まれて亡くなったとき、マスコミは「現場の危機管理に問題があった」と報じた。しかし、これは間違っている。問題は「事故が起きたときの危機管理」ではなく、「ずっと前から吸水口の金網がはずれていた」という「日ごろの管理」にあったのだ。つまり、日本人は危機管理が苦手なのではなく管理自体が苦手なのであって、危機的状況になるとそれが「バレる」だけなのである。

　ちなみに、マネジメントに相当する日本語がそもそも存在しない。管理も運営も経営も、それぞれマネジメントとはニュアンスを異にしている。例えば「大学のマネジメント」は、教育・研究・人事・財務・施設整備・備品管理など、大学のあらゆる活動を包括する概念だ。しかしこれを「大学の経営」と訳してしまうと何か「主としてお金の出入りに関すること」といったニュアンスになってしまう。

　　　　　（岡本薫『なぜ日本人はマネジメントが苦手なのか』中経出版）

【問9】
目標の達成に向けたプロセスの管理がマネジメントである。
○ A ○ B ○ C

【問10】
日本人は危機管理が苦手なため、マネジメントが苦手である。
○ A ○ B ○ C

【問11】
マスコミの報道がマネジメントの浸透の妨げになっている。
○ A ○ B ○ C

【問12】
日本にはマネジメントという概念が存在しない。
○ A ○ B ○ C

A 文脈の論理から明らかに正しい。または正しい内容を含んでいる。

B 文脈の論理から明らかに間違っている。または間違った内容を含んでいる。

C 問題文の内容からだけでは、設問文は論理的に導けない。

以下の本文を読んで、設問文1つ1つについてA・B・Cのいずれに当てはまるかクリックして答えなさい。

　論理展開を緻密に詰めていこうというとき、障害になるのが語句の意味の曖昧さだ。特に、我々はしばしば抽象的な言葉を好んで使いがちだが、それが落とし穴になる。

　たとえば、「チャネルの最適化を図る」といった言い方をすることがあるが、はたして「チャネルの最適化」とは何なのか。まず、「チャネル」はどこまでを含むのか。外部チャネルだけを指すのか、それとも社内の営業担当者や物流網も含むのか。また、「最適化」とは何なのか。チャネル間摩擦の解消を指しているのか、不採算チャネルの切り捨てを指しているのか、それとも費用対効果の高いチャネル網を作ろうということなのか。

　こうした抽象的な表現は、本人の頭の中に具体的なイメージがあり、単に表現されていないだけならまだ救いはあるのだが、多くの場合、具体的に考えることを放棄してしまい（抽象的レベルで思考停止してしまい）、何となく考えたつもりで実は何も考えていないというケースがほとんどである。第三者との共通認識をしっかり持つうえでも、大事なポイントは極力具体的に考え、表現したいものである。

（グロービス経営大学院
『改訂3版 MBA　クリティカル・シンキング』ダイヤモンド社）

【問 13】
ものをしっかりと考えていれば、抽象的な表現を使うことはない。
○ A　　　○ B　　　○ C

【問 14】
第三者との共通認識をもつためには、抽象的な思考を重視するべきである。
○ A　　　○ B　　　○ C

【問 15】
大事なポイントを具体的に考えれば、問題に対する解決策は見つかるものだ。
○ A　　　○ B　　　○ C

【問 16】
緻密な論理展開をするためには考えや表現の具体化が必要である。
○ A　　　○ B　　　○ C

A　文脈の論理から明らかに正しい。または正しい内容を含んでいる。

B　文脈の論理から明らかに間違っている。または間違った内容を含んでいる。

C　問題文の内容からだけでは、設問文は論理的に導けない。

言語テスト（IMAGES 形式）

以下の本文を読んで、設問文1つ1つについてA・B・Cのいずれに当てはまるかクリックして答えなさい。

ただし、4つの設問文の中には、AとCに該当するものがいずれも1つ以上含まれています。

　不安に悩んでいる人に、不安のフィードバック情報を与えると、どんな効果があるだろうか。結果はさまざまだが、不安に悩む人の場合は、不安を軽くする方法に気づいていないのであるから、フィードバックされる情報は、「現在不安であり、それをうまくコントロールできていない」という内容になるであろう。そうすると、フィードバック情報が不安を増大するような思考を生んだり、焦りを引き起こしたりする。事実こうして、さらに不安が増大することがよくある。

　一方、ある程度不安軽減の方法を持ち合わせている人の場合には、フィードバック情報が、不安軽減の効果的な戦略を弁別することで、不安軽減を促進することがある。たとえば、筋肉の力を抜けば不安が軽減するようなパターンになっている人が、筋電位によって、緊張している部分と力が抜けている部分の情報を与えてもらえば、効率よく筋肉をゆるめて、不安軽減が促進されることがある。つまり、すでに持ち合わせている不安軽減のさまざまな戦略の中で、今この戦略が有効であるということを伝えるようなフィードバック情報は、不安軽減を促進するのである。

（生月誠『不安の心理学』講談社）

【問1】
不安に悩んでいる人はフィードバック情報により不安が
増大することがよくある。
○ A ○ B ○ C

【問2】
不安軽減の方法を持ち合わせている人にとってフィード
バック情報は有益である。
○ A ○ B ○ C

【問3】
不安軽減のさまざまな戦略の中で有効な戦略を見つける
べきである。
○ A ○ B ○ C

【問4】
フィードバック情報により不安を増大させてしまう人も
いれば軽減できる人もいる。
○ A ○ B ○ C

A　**筆者が一番訴えたいこと（趣旨）が述べられている。**

B　**長文に書かれているが、一番訴えたいことではない。**

C　**この長文とは関係ないことが書かれている。**

以下の本文を読んで、設問文１つ１つについてＡ・Ｂ・Ｃのいずれに当てはまるかクリックして答えなさい。
ただし、４つの設問文の中には、ＡとＣに該当するものがいずれも１つ以上含まれています。

　想起しやすさヒューリスティクスとは、人間が判断するさいに、心に思い浮かびやすい類例や記憶の鮮明さに過度に依存してしまうことである。我々は日常生活において、実際の統計的根拠とは無関係に、根拠の薄弱な経験だけに頼りすぎてはいないだろうか。溺れる者がワラをもつかむように、我々は主観的なイメージに頼りがちである。

　たとえば、交通事故を考えるときに、我々は航空事故の惨劇をありありと思い浮かべることができる。一九八五年八月十二日夕方、日本航空123便、東京発大阪行きのジャンボジェットが群馬県多野郡上野村の御巣鷹の尾根に墜落した事故は、今なお人の心を揺さぶり、小説や映画の題材になっている。

　しかしながら、実際には、航空事故の頻度は自動車事故の頻度とは比べものにならないくらい低い。事故で怖いのは、頻度からいえば、飛行機ではなく自動車のほうである。それでも、我々は自動車よりも飛行機を危ないものと考えがちである。これも飛行機事故の想起しやすさからくるバイアスの一種である。

（依田高典『行動経済学』中央公論新社）

【問5】
我々は主観的なイメージで物事をとらえすぎてしまう。

○ A 　　　○ B 　　　○ C

【問6】
飛行機より自動車のほうが事故を起こしやすい。

○ A 　　　○ B 　　　○ C

【問7】
我々は思い浮かびやすい経験と統計的根拠を結び付けている。

○ A 　　　○ B 　　　○ C

【問8】
飛行機事故のイメージは想起しやすさからくるバイアスにより作りだされている。

○ A 　　　○ B 　　　○ C

A 　筆者が一番訴えたいこと（趣旨）が述べられている。

B 　長文に書かれているが、一番訴えたいことではない。

C 　この長文とは関係ないことが書かれている。

以下の本文を読んで、設問文１つ１つについてＡ・Ｂ・Ｃのいずれに当てはまるかクリックして答えなさい。
ただし、４つの設問文の中には、ＡとＣに該当するものがいずれも１つ以上含まれています。

　近代では、サラリーマンが築き上げる家庭像に、おおむね共通するモデルがあった。夫婦プラス子供２人の４人家族で、妻は専業主婦という構成だ。いわゆる「標準世帯」と呼ばれる家族のかたちである。

　「標準世帯」は、年金制度の設計や住宅の間取りを決める基礎的前提となっていた。「4LDK」とか、「第３号被保険者（配偶者が会社員、公務員、私立学校の教師など第２号被保険者で、夫によって生計を維持されている 20 歳以上 60 歳未満の人：大部分は専業主婦）」といった概念は、まさにこの「標準世帯」モデルに基づいたものである。

　これにも違和感を持つ人が多いと思う。1970 年でさえ全世帯の 41.2％にすぎなかった「標準世帯」は、その後も減少を続け、2005 年の国勢調査では 29.9％になり、2030 年には 21％まで減っていく見込みである。

　一方で増加一辺倒なのが「単身世帯」、すなわち１人暮らしだ。2005 年は 29.5％で、すでに標準世帯とほぼ同数となっており、2030 年には 37.4％にまで膨らむ見通しである。実態とかけ離れた「標準世帯」を、もはやモデルと呼ぶのは困難だ。

（三菱総合研究所編：三菱総研の総合未来読本 Phronesis「フロネシス」04『「プラチナ社会」がやってくる！』丸善プラネット）

【問9】
「標準世帯」は年金の制度設計における基礎的前提である。
○ A　　　○ B　　　○ C

【問10】
「標準世帯」は今後減少が見込まれる。
○ A　　　○ B　　　○ C

【問11】
「標準世帯」は実態に即しているとはいえない。
○ A　　　○ B　　　○ C

【問12】
「標準世帯」より「単身世帯」のほうが重要になりつつある。
○ A　　　○ B　　　○ C

A　筆者が一番訴えたいこと（趣旨）が述べられている。

B　長文に書かれているが、一番訴えたいことではない。

C　この長文とは関係ないことが書かれている。

以下の本文を読んで、設問文1つ1つについてA・B・Cのいずれに当てはまるかクリックして答えなさい。
ただし、4つの設問文の中には、AとCに該当するものがいずれも1つ以上含まれています。

　一説によると、電車内での携帯電話に不愉快な思いをするのは、世界広しといえども日本人だけらしい。他の国の人々はけっこう気にならないという。つまり外国の人々は、"場"の空気や常識といったものをさして重視していないわけだ。もともと"場"の意識が薄いから、「それどころではない」というのが正直なところだろう。

　一方、日本人には「私たちは共通の場にいるのだから、一人で勝手なことをしないでもらいたい」という意識が強い。伝統的に個人の自由より"場"を重んじてきたため、それが日本人のメンタリティの中核に備わっているのである。

　ただし、これは「協調性」とはやや意味合いが違う。特に今の若い世代の場合、とても協調性があるとはいえない。

　たしかに同質性には敏感だ。「場の空気を読まなきゃ」という意識も強い。守るべきマナーは守るし、基本的におとなしい。昭和のおじさん連中にとっては定番だった、居酒屋で酔いに任せて怒鳴り散らすような光景も、あまり見たことがない。

　しかし一方で、たとえば新入社員として入った会社で、年齢や立場の違う人と即座に打ち解けられる人も少ない。むしろ協調性に関しては、以前より落ちているのではないかというのが、大方の見方だろう。

　彼らが得意なのは、協調することではなく、同質化だ。異端になることを恐れる気持ちが、かなり強く働いているように思われる。結局、それだけ"場"の力学を感受しやすい体質になっているわけだ。

（齋藤孝『一瞬で伝える「わかりやすさ」の技術』大和書房）

【問 13】

外国の人々は日本人の "場" の感覚が理解できない。

○ A　　　○ B　　　○ C

【問 14】

日本人は伝統的に "場" の空気や常識を重視する性質がある。

○ A　　　○ B　　　○ C

【問 15】

若い世代は協調よりも同質化することが得意である。

○ A　　　○ B　　　○ C

【問 16】

日本人の "場" の意識が強いのは、協調性が強いことが要因である。

○ A　　　○ B　　　○ C

A　筆者が一番訴えたいこと（趣旨）が述べられている。

B　長文に書かれているが、一番訴えたいことではない。

C　この長文とは関係ないことが書かれている。

次の文章を読んで、筆者の訴えに最も近いものを選択肢の中から1つ選んでクリックしなさい。

　少子化自体については、私はべつに心配をする理由がないと思っている。子どもの分まで、元気になった女性が引き受けてくれるであろうからである。それよりも将来にかかわる問題は、子どもの教育であろう。そっちのほうが、人数の問題より、はるかに深刻であろう。

　いまでは数少ない子どもを、体力にすぐれた栄養のいい女性が、徹底的に面倒をみている。これでは子どもも大変にちがいない。私が子どもだったころは、大人は食物の入手に忙しく、子どもにかまうどころではなかった。私の家では父親がなく、母親が医者だったから、子どもの私はもっぱら外で遊んでいた。子どもたち同士で遊ぶ。いまでは少なくなったといわれる、年齢の異なった子どもたちの集団である。

　年齢違いの子どもたちが集まって、日がな一日、遊んで暮らす。そのどこがいいか。一歳児を三歳児が、三歳児を五歳児が、五歳児を七歳児がというふうに、順送りに面倒をみる。そうして育つ子ども達のなかで、年上の連中は、自分がついこのあいだまでそうであった状態を、年下の子どもの面倒をみることによって再確認する。つまり学習でいうなら、復習するのである。さらに面倒をみてもらう年下の子たちは、少し発育の進んだ子どもと接することになる。これはすなわち予習である。異世代の子どもたちが団子になって遊ぶことの利点は、まさに発育の予習と復習を繰り返すこと、現代風にいうならフィードバックを繰り返しながら育つことである。

　子どもたちだけで遊んでいるのは、親がつきっきりで面倒を

みるのに比べたら、乱暴な育て方だ。いまではそう思っている母親が多いのではないかと思う。私はそれは逆ではないかと思う。子どもの集団のなかで育つほうが、じつは右に述べたように、ていねいに育っているのかもしれないのである。

（養老孟司『あなたの脳にはクセがある』中央公論新社）

○　A　少子化については特に心配する必要はない。

○　B　子育てをきちんとしようとしない共同体のあり方に問題がある。

○　C　母親のみに子育ての責任がかかっている現状には問題がある。

○　D　子どもの教育のためには、子どもは子どもの集団の中で育った方が良い。

次の文章を読んで、筆者の訴えに最も近いものを選択肢の中から1つ選んでクリックしなさい。

　これまで教養概念の中心には、文字があり書物がおかれていた。「教養がある」人とは多くの書物を読み、古今の文献に通じている人を指すことが多かった。当然読書の結果その人は世の中をよく知り、様々な事柄について的確な判断ができるとされていた。ときには「教養がある」人とは人格者でもあるとされていた。しかし歴史的に辿ってみると、それらは個人の教養に過ぎず、教養概念の一部分でしかないことが解る。「いかに生きるか」という問いを自ら立てる必要がなく、人生を大過なく渡っていた人々は数多くいたのである。それらの人々のことを考慮に入れ、「教養」の定義をするとすれば、次のようになるであろう。

　「自分が社会の中でどのような位置にあり、社会のためになにができるかを知っている状態、あるいはそれを知ろうと努力している状況」を「教養」があるというのである。そうだとするとそのような態度は人類の成立以来の伝統的な生活態度であったことが解るだろう。

　たとえば農業に従事している人を考えてみよう。彼らは自分たちの仕事が人々の生活を支えていることを知っていたであろう。自分たちの仕事が社会の中でどのような位置を占めているかについては自ら考えをめぐらすことはなくても、知っていたであろう。ただし彼らがそのことを言葉に出して語るためにはもう一つの「教養」つまり文字が必要であったから、それが言葉になるためには長い年月が必要であった。しかし彼らはこうしたことを身体で知っていたから、「いかに生きるか」という問いを立てる必要もなかったのである。こうした人々の人生に向かう姿勢をあえて教養というとすれば、それは集団の教養というべきものであろう。

（阿部謹也『「教養」とは何か』講談社）

○ A 自分が社会の中でどのような位置にあり、社会
　　のためになにができるか知っている状態、ある
　　いはそれを知ろうと努力している状況が、「教養」
　　があると定義づけられる。

○ B 個人の教養は、教養概念の一部分でしかない。

○ C 文字のない時代においては、「教養」は存在しな
　　かった。

○ D 「教養がある」人とは、古今の文献に通じている
　　人を指す。

次の文章を読んで、筆者の訴えに最も近いものを選択肢の中から1つ選んでクリックしなさい。

　今、日本の社会には「希望」がないと言われています。

　たしかにテレビから流れるニュースは殺伐としたものばかりで、日々の我々の生活も忙しい。仕事に追われ、連日のスケジュールをこなしていくのに精一杯です。

　そうした中で「希望」とは、いったいどこから生まれてくるものなのか。

　「希望」とは空白から生まれるものです。未来が空白の状態から「希望」は生まれるのです。

　だからもし、今僕たちが「希望」を持てていないとすると、それは僕たちがあまりにも「未来」を知りすぎているからかもしれません。

　たとえば、自分が子どもだったころを思い出してみてください。幼い頃、僕たちにはスケジュールなんて無かったはずです。明日の夕方何時に、どこで誰と何をしているか。あるいは二週間後の何曜日、何時にどこで何をしているか。そんなことは誰も予定に組み込んでいなかったはずです。あるいは青春時代はどうでしょう。僕が甘美な理想を抱いた大学生だった頃、そんな未来の予定など分かってはいませんでした。一年後、自分がどこで何をしているかなんて想像もできなかった。

　それが大人になった今は、すべて分かっています。数日後、一週間後、一ヵ月後、自分がどこで何をしているか、僕たちは未来を把握しています。スケジュール表にすべて書き込んであるからです。そこには「空白」のときなど、ほとんど存在していません。一年後ですら、さすがに多少変化はあるでしょうが、基本的にはそんなに状況は変わっていないはず。それを前提のこととして、我々は日々の生活を送っているのです。

　僕たちは「未来」のことも、今の延長線上にあるものだと思っ

てしまっている。でもそれでは単なる予定であって、本当の意味での「未来」とは言えません。

　やはり「空白」こそが「希望」の母なのです。一年後に自分がどういう行動をして、新たに何を受け入れているか。それが自分でも完全に予測はできていない。そういう精神の「空白」状態から、新たな「希望」や創造は生まれるのです。

（茂木健一郎『「赤毛のアン」に学ぶ幸福になる方法』講談社）

- ○　A　今の延長線上にあるものは単なる予定であり「未来」ではない。
- ○　B　未来の中に「空白」を作れば新たな「希望」は生まれる。
- ○　C　大人になると「空白」のときなど、ほとんど存在しなくなる。
- ○　D　今の時代に「希望」がないのは「未来」を知りすぎているからである。

Read the text and choose the best description for each of the question that follow.

The first IQ Test was developed by the French psychologist Alfred Binet in 1905 by observing that average students could do assignments that mentally handicapped students couldn't. Then he estimated what was the normal ability for students of different ages. The French government wanted to use Binet's test to tell which children needed to be placed in schools for children with special needs, but testing for a person's intelligence quotient became a huge industry. Binet was forthright about the limitations of his scale at that time. He stressed that intelligence was not based solely on genetics and could also be influenced by environments. In fact, he thought that IQ Test was subject to variability and was not generalizable. Binet advanced his research and also developed his mental scale. Today, millions of IQ tests are being given to people when they join the military, to students entering school, and even job applicants.

Question 1 : Alfred Binet observed that average students and mentally handicapped students could perform the same assignments equally well.
○ A　　○ B　　○ C

Question 2 : The French government used the test so that average students could go to special schools.
○ A　　○ B　　○ C

Question 3 : IQ tests never became popular.
○ A　　○ B　　○ C

A: The statement is patently TRUE or follows logically, given the information or opinions contained in the passage.

B: The statement is patently UNTRUE or the opposite follows logically, given the information or opinions contained in the passage.

C: You CANNOT SAY whether the statement is true or untrue, or follows logically, without further information.

Read the text and choose the best description for each of the question that follow.

Why do Americans carve pumpkins, wear costumes, and ask for candy on Halloween?

The holiday of Samhain was celebrated by the Celts in Ireland and Scotland on October 31st over a thousand years ago. It marked the beginning of winter. People would light large bonfires, wear silly masks and costumes, have feasts, and leave food out for their dead ancestors. It was a day to welcome loved ones who had died, a practice similar to Obon in Japan.

Carving pumpkins and asking for candy came from the legend of "Stingy Jack," an Irishman who offered to buy the devil a drink of whisky and then never paid for it. After Jack died, the devil made him wander the Earth forever with only a lantern made out of a carved turnip to light his way.

So Irish children carved lanterns out of turnips and called them "Jack-O-Lanterns" and carried them door to door asking people for "soul cakes" on October 31st. Turnips were changed to pumpkins in America by Irish immigrants because pumpkins were more readily available, bigger, and easier to carve than turnips.

Question 1 : Pagans came after the Christians.

O A   O B   O C

Question 2 : On Samhain people remembered their dead ancestors.

O A   O B   O C

Question 3 : The story of "Stingy Jack" is true.

O A   O B   O C

A: The statement is patently TRUE or follows logically, given the information or opinions contained in the passage.

B: The statement is patently UNTRUE or the opposite follows logically, given the information or opinions contained in the passage.

C: You CANNOT SAY whether the statement is true or untrue, or follows logically, without further information.

Read the text and choose the best description for each of the question that follow.

In 1902, Roosevelt was on a bear hunt in Mississippi. The hunting party was getting very tired and discouraged, when their dogs caught an old bear and injured it. Then the hunting guide tied the old bear to a tree so Roosevelt could shoot the bear. Roosevelt refused saying there was no sport in that, but he did have the animal killed to save it from further suffering.

A political cartoonist heard the story and published a cartoon in the newspaper, but instead of showing an old bear, he depicted Roosevelt sparing a cute little bear cub.

A toy maker in New York saw the cartoon and created a little stuffed bear and asked Roosevelt for permission to call it the "Teddy Bear." Roosevelt said yes, and one of the most popular toys ever invented came into being.

Question 1 : Roosevelt didn't like nature.

○ A ○ B ○ C

Question 2 : The hunting guide wanted to make Roosevelt's hunt successful.

○ A ○ B ○ C

Question 3 : The cartoon depicted an old, injured bear tied to a tree.

○ A ○ B ○ C

A: The statement is patently TRUE or follows logically, given the information or opinions contained in the passage.

B: The statement is patently UNTRUE or the opposite follows logically, given the information or opinions contained in the passage.

C: You CANNOT SAY whether the statement is true or untrue, or follows logically, without further information.

Read the text and choose the best description for each of the question that follow.

Pancakes have become a popular breakfast to order for millions of people in the world, but the "maple syrup" people pour on their restaurant hotcakes is actually a blend of high fructose corn syrup, water, caramel color, cellulose, and sodium benzoate. There is no pure maple syrup in it.

Pure maple syrup is made in Canada (which produces 80% of the world's supply) and the Northeast United States. While maple trees are found in many places, the climate must be perfect for "sugaring season." This begins in late February and ends in April. It must be freezing at night and thawing during the day for people to collect the sap from the trees.

Pure maple syrup is expensive because it takes up to 50 gallons of sap to make one gallon of syrup. It's a slow process. The sap is collected drop by drop and then the water is evaporated out of the sap.

Healthy and delicious (it contains nutritionally significant amounts of zinc and manganese), real maple syrup makes pancakes (and other dishes) taste better.

Question 1 : The sugaring season takes place in the spring.
O A   O B   O C

Question 2 : Canada produces 80% of the world's pure maple syrup.
O A   O B   O C

Question 3 : Pure maple syrup is easy and inexpensive to produce.
O A   O B   O C

A: The statement is patently TRUE or follows logically, given the information or opinions contained in the passage.

B: The statement is patently UNTRUE or the opposite follows logically, given the information or opinions contained in the passage.

C: You CANNOT SAY whether the statement is true or untrue, or follows logically, without further information.

英語テスト（IMAGES 形式）

以下の英語の文章を読んで、設問に適する解答を A 〜 E の選択肢から選び、ボタンをクリックしなさい。

After the disaster of nuclear power plant in Fukushima, Japan, many countries have reviewed their energy policies. At the same time, the consumption of coal has rapidly risen in Europe, especially the import of coal from the US has shown a sharp increase.

First, coal is a cheap alternative to other resources. Coal fulfills about a quarter of the world's energy demand and it also generates almost 40% of the global electricity. In addition, about 70% of the total global steel production depends on the heat gained by burning coal. Accordingly, coal is a source of energy which is less risky than nuclear power and easier and cheaper than oil and gas. Second, the US has developed a new technology to exploit shale oil, which is even cheaper than coal, and it has expanded the oil production. It is no wonder that the US wants to export abundant coal overseas.

However, it involves negative dimension. Coal is responsible for about 40% of the worldwide carbon dioxide emissions from fossil fuels. Further, coal emits about a third more carbon dioxide per unit of energy than oil, and 70% more than natural gas.

Question 1 : Why is Europe importing more coal from the US?

- O A Because coal is cheaper than oil and gas.
- O B Because coal is easy to refine.
- O C Because coal produces massive heat.
- O D Because coal is mined all over Europe.
- O E Because coal is easy to transport.

Question 2 : Which percent does coal provide of the world's energy demand?

- O A About 70%
- O B About 25%
- O C More than 40%
- O D Less than 20%
- O E About 80%

Question 3 : What is the problem with coal consumption?

- O A Coal gives harmful effects on human health.
- O B Coal promotes global consumption of energy.
- O C Coal enters competition with natural gas.
- O D Coal raises the global oil market.
- O E Coal emits a great amount of carbon dioxide.

以下の英語の文章を読んで、設問に適する解答をＡ〜Ｅの選択肢から選び、ボタンをクリックしなさい。

According to a research in the Journal of the American Medical Association, there is happy news for people on the obese side. The research states that the overweight are less likely to die earlier than people with standard weight. Health specialists conducted 97 studies covering about 2.9 million people in order to compare death rates with Body Mass Index (BMI: weight÷height^2)—a way to measure the obesity. A standard or healthy BMI lies between 18.5 and 25.0.

However, the report revealed that overweight people (with a BMI between 25 and 30) were 6% less likely to die early than people with a standard BMI. What's more, mildly obese people (with a BMI between 30 and 35) could live up to the same age as people with a healthy BMI. One possible explanation is that overweight people are conscious of their health and willing to have medical treatment. As a result, when people have a slight ailment, they may be more careful about their health. On the other hand, the report faced severe criticism from other medical experts because they insisted that obesity clearly leads to various diseases. According to the criticism, obese people may think that being fat is not so bad. One of them called it "complete hogwash."

Question 1: What is the Body Mass Index (BMI)?

○ A　The standard to predict life span.

○ B　The index to measure body fat based on an adult's height and weight.

○ C   The index to measure healthy life style.

○ D   The standard to calculate the best weight.

○ E   The index to measure calorie consumption.

Question 2 : Which is a BMI for "mildly obese people"?

○ A   17

○ B   22

○ C   27

○ D   32

○ E   37

Question 3 : How did other medical researchers react to the report?

○ A   They generally accepted the report.

○ B   There was a controversy about the definition of BMI.

○ C   Many health experts supported the result but statisticians criticized it.

○ D   Some experts in medicine cast a doubt on the report.

○ E   It can not be concluded from the information given in the passage.

以下の英語の文章を読んで、設問に適する解答を A 〜 E の選択
肢から選び、ボタンをクリックしなさい。

The number of registered sites in UNESCO's World Heritage
list has exceeded 930 and it will soon reach 1,000. There are a
variety of guide books and photographic collections published to
explain each of the sites. However, having such a great number
of registered sites is an excessive burden on the World Heritage
Fund, which distributes the contributions from the UNESCO
member states.

In addition, too many applications to the registration often
cause conflicts over the conditions and qualifications as World
Heritage. Many states expect the registration to promote the
national assets and invite more tourists. This is why governments
and locals engage in large-scale invitation campaigns. Ironically,
however, as the number of the sites increases, the prestige of
the World Heritage might decrease.

Another criticism is that the UNESCO is culturally biased
towards Europe and North America, which occupy about 48% of
all the sites. Italy has the most Heritage sites (47), followed by
Spain (43), China (41), France (37), Germany (36) and so on. By
comparison, African and Middle Eastern nations have less
number of sites on the Heritage list.

Question 1: How does the UNESCO maintain the World
Heritage Fund?

○ A　Member states pay their contributions.

○ B　Developed countries donate a large part of the
Fund.

○ C   The admission tourists pay is collected for the Fund.

○ D   Private donations and contributions from member states are added up.

○ E   The UN gives a special budget for the UNESCO.

Question 2 : Why do many countries try to have their national treasures registered in the World Heritage?

○ A   They want to protect historically important buildings.

○ B   They want to invest on developing the Heritage sites.

○ C   They hope that the registration will make their country more popular.

○ D   They expect tourists to donate for the conservation of the sites.

○ E   They want to attract more tourists who visit the World Heritage.

Question 3 : Which nation ranks second in the number of the registered sites?

○ A   France
○ B   Italy
○ C   China
○ D   Spain
○ E   Germany

以下の英語の文章を読んで、設問に適する解答をA〜Eの選択
肢から選び、ボタンをクリックしなさい。

About a decade ago, a wrinkle-free shirt was a hit among busy
business people because they did not have to iron the shirt. And
now Chinese scientists have developed a self-cleaning cotton
fabric that may soon eliminate the need to wash clothes.

The scientists used titanium dioxide—a chemical known to be
an effective catalyst to decompose organic pollutants. The
substance has already been applied to "stay-clean kitchen" and
"odor-free socks." However, the developers had to overcome a
problem that self-cleaning power gets activated only under
ultraviolet light. Therefore, they created a nanoparticle compound
made up of titanium dioxide and nitrogen in order to soak the
particle of titanium dioxide into the fabric.

In an experiment, the fabric stained orange was washed in
water without any detergent and hung out in the sun. After the
exposure to the sun for six hours, about 99% of the stain was
removed.

Question 1 : Why was a wrinkle-free shirt popular?

○ A　Because it was cheaper than other shirts.

○ B　Because it was light to wear.

○ C　Because it always stayed clean.

○ D　Because it was easy to care for.

○ E　Because it smelled nice.

Question 2 : What is the important role of titanium dioxide?

○ A　It reacts to the wind.

○ B　It creates new substance in the air.

○ C　It removes the wrinkle of the fabric.

○ D　It makes the fabric stronger.

○ E　It helps the decomposition of the dirt.

Question 3 : How long should the fabric be hung out in the sun to remove the stain?

○ A　Less than one hour

○ B　Two hours

○ C　Six hours

○ D　Ten hours

○ E　About a day

■ 著者紹介

笹森 貴之（ささもり たかゆき）
(株)サポートシステム代表取締役。慶應義塾大学卒。就職模擬試験（SPI 対策、CAB・GAB 対策、ES・面接対策など）を全国の大学で実施している。試験の企画・開発のみならず各種試験の対策ガイダンスに全社を挙げて取り組み、「現場力」で日本一のプロ集団を目指している。

橋本 隆司（はしもと たかし）
(株)サポートシステム社員。横浜国立大学卒。各種の Web テストに精通し、多数の大学で SPI や筆記試験、各種 Web テスト対策講座を担当する。わかりやすい語り口に定評がある。

久米 良光（くめ よしみつ）
(株)サポートシステム講師。早稲田大学大学院博士後期課程修了（博士）。高度な専門知識を基礎としつつも、「わかりやすさ」を徹底的に追求し、各種就職試験の講座を展開中。

◉ 編集：有限会社ヴュー企画　デザイン・DTP：アイル企画
◉ イラスト：高橋なおみ
◉ 企画編集：成美堂出版編集部

本書に関する正誤等の最新情報は、下記のアドレスで確認することができます。
https://www.seibidoshuppan.co.jp/support/

上記 URL に記載されていない箇所で正誤についてお気づきの場合は、書名・発行日・質問事項・ページ数・氏名・郵便番号・住所・ファクシミリ番号を明記の上、**郵送**または**ファクシミリ**で**成美堂出版**までお問い合わせください。
※**電話でのお問い合わせはお答えできません**。また受験指導などは行っておりません。
※本書の正誤に関するご質問以外にはお答えできません。また受験指導などは行っておりません。
※ご質問の到着後、10日前後に回答を普通郵便またはファクシミリで発送いたします。
※ご質問の受付期限は、2025年5月末までとさせていただきます。ご了承ください。

スピード攻略Webテスト 玉手箱 '26年版

2024年6月10日発行

著 者	笹森貴之
発行者	深見公子
発行所	成美堂出版
	〒162-8445　東京都新宿区新小川町1-7
	電話(03)5206-8151　FAX(03)5206-8159
印 刷	株式会社フクイン

©SEIBIDO SHUPPAN 2024 PRINTED IN JAPAN
ISBN978-4-415-23851-7
落丁・乱丁などの不良本はお取り替えします
定価は表紙に表示してあります

スピード攻略
Webテスト

'26
年版

玉手箱

別冊

実力模試
解答・解説

別冊

矢印の方向に引くと別冊が取り外せます。

成美堂出版

実力模試
解答・解説

目　次

【計数】四則逆算

問題 1 正解：12　問題 本冊 P.78

$4 \times \square = 48$
$\square = 48 \div 4$
$\square = 12$

問題 2 正解：50％　問題 本冊 P.78

$\dfrac{2}{6} + \dfrac{1}{6} = \dfrac{3}{6} = \dfrac{1}{2}$
$\dfrac{1}{2} = 50\%$

問題 3 正解：28　問題 本冊 P.78

$\square + 30 = 58$
$\square = 58 - 30$
$\square = 28$

問題 4 正解：49　問題 本冊 P.78

$\square \div 7 = 20 - 13$
$\square \div 7 = 7$
$\square = 7 \times 7$
$\square = 49$

問題 5 正解：48　問題 本冊 P.78

$\square \div 4 = 12$
$\square = 12 \times 4$
$\square = 48$

問題 6 正解：2　問題 本冊 P.79

$12 \div \square = 6$
$\square = 12 \div 6$
$\square = 2$

問題 7 正解：13　問題 本冊 P.79

$7 \times (\square - 11) = 14$
$\square - 11 = 14 \div 7$
$\square - 11 = 2$
$\square = 2 + 11$
$\square = 13$

問題 8 正解：10　問題 本冊 P.79

$12 \times \square = 120$
$\square = 120 \div 12$
$\square = 10$

問題 9 正解：13　問題 本冊 P.79

$6 \div 3 = \square - 11$
$2 = \square - 11$
$2 + 11 = \square$
$\square = 13$

2

問題10　正解：8／3
問題　本冊 P.79

$3 \times \square = 25 - 17$
$3 \times \square = 8$
$\square = 8 \div 3$
$\square = \dfrac{8}{3}$

問題11　正解：1.2
問題　本冊 P.80

$\square \div 100 = 0.012$
$\square = 0.012 \times 100$
$\square = 1.2$

問題12　正解：25％
問題　本冊 P.80

$\dfrac{1}{4} = 0.25$
$\square = 25％$

💡 問題を解くコツ

$\dfrac{1}{4} = 25％、\dfrac{1}{2} = 50％、\dfrac{3}{4} = 75％、$
$1 = 100％$ などは暗記しておこう！

問題13　正解：7／4
問題　本冊 P.80

$\dfrac{7}{16} = \dfrac{1}{4} \times \square$
$\dfrac{7}{16} \div \dfrac{1}{4} = \square$
$\dfrac{7}{16} \times 4 = \square$
$\square = \dfrac{7}{4}$

問題14　正解：13
問題　本冊 P.80

$49 - \square = 4 \times 9$
$\square = 49 - 36 \quad \square = 13$

問題15　正解：8
問題　本冊 P.80

$4 \times \square = 52 - 20$
$4 \times \square = 32$
$\square = 32 \div 4$
$\square = 8$

問題16　正解：3
問題　本冊 P.81

$12 \times \square = 36$
$\square = 36 \div 12$
$\square = 3$

問題17　正解：1／6
問題　本冊 P.81

$-12 \times \square = 3 - 5$
$-12 \times \square = -2$
$\square = -2 \div (-12)$
$\square = \dfrac{1}{6}$

問題18　正解：18
問題　本冊 P.81

$9 = 38 - \square - 11$
$9 + 11 = 38 - \square$
$\square = 38 - 20$
$\square = 18$

【別解】
$9 = 38 - \square - 11$
$9 + 11 = 38 - \square$
$20 - 38 = -\square$
$-18 = -\square$
$\square = 18$

問題 19 　正解：32
問題 本冊 P.81

$$\square \% = \frac{\square}{100}$$
$$240 \times \frac{\square}{100} = 76.8$$
$$240 \times \square = 76.8 \times 100$$
$$240 \times \square = 7,680$$
$$\square = 7,680 \div 240$$
$$\square = 32$$

問題 20 　正解：17
問題 本冊 P.81

$$7 + \square = 32 \div \frac{4}{3}$$
$$7 + \square = 32 \times \frac{3}{4}$$
$$\square = 24 - 7$$
$$\square = 17$$

問題 21 　正解：144
問題 本冊 P.82

$$\square = 48 \times 3$$
$$\square = 144$$

問題を解くコツ
50×3 ＝ 150 と概数計算をすると早く正解が導ける

問題 22 　正解：9 / 7
問題 本冊 P.82

$$\frac{1}{3} \times \square = \frac{3}{7}$$
$$\square = \frac{3}{7} \div \frac{1}{3}$$
$$\square = \frac{3}{7} \times 3$$
$$\square = \frac{9}{7}$$

問題 23 　正解：1728
問題 本冊 P.82

$$30 \times 60 = 1800$$
1,800 に近いものは 1728

問題を解くコツ
選択肢の数値が離れているので、概数で近い数値を導くほうが早く解ける

問題 24 　正解：5 ％
問題 本冊 P.82

$$\frac{1}{20} = 0.05$$
$$\square = 5 \%$$

問題 25 　正解：70
問題 本冊 P.82

$$294 \div \square = 4.2$$
$$\square = 294 \div 4.2$$
$$\square = 70$$

問題 26 　正解：1
問題 本冊 P.83

$$3 = 3 \times \square$$
$$3 \div 3 = \square$$
$$\square = 1$$

問題 27　正解：11
問題 本冊 P.83

$11 \times (\square - 4) = 77$
$\square - 4 = 77 \div 11$
$\square - 4 = 7$
$\square = 7 + 4$
$\square = 11$

問題 28　正解：4
問題 本冊 P.83

$12 = (2.5 + 0.5) \times \square$
$12 = 3 \times \square$
$\square = 12 \div 3$
$\square = 4$

問題 29　正解：3
問題 本冊 P.83

$24 \div \square = 8$
$\square = 24 \div 8$
$\square = 3$

問題 30　正解：0.75
問題 本冊 P.83

$\square = 2 \div \dfrac{8}{3}$
$\square = 2 \times \dfrac{3}{8}$
$\square = \dfrac{3}{4}$
$\dfrac{3}{4} = 0.75$

問題 31　正解：2
問題 本冊 P.84

$84 \div \square = 42$
$\square = 84 \div 42$
$\square = 2$

問題 32　正解：12.5
問題 本冊 P.84

$\square \times 0.6 \div 9 = \dfrac{3}{6} + \dfrac{2}{6}$
$\square \times \dfrac{6}{10} = \dfrac{5}{6} \times 9$
$\square = \dfrac{45}{6} \div \dfrac{6}{10}$
$\square = \dfrac{45}{6} \times \dfrac{10}{6}$
$\square = \dfrac{450}{36}$
$\square = \dfrac{50}{4}$
$\square = 12.5$

問題 33　正解：1.6
問題 本冊 P.84

$1.7 + \square + 2.4 = 5.7$
$4.1 + \square = 5.7$
$\square = 5.7 - 4.1$
$\square = 1.6$

問題 34　正解：27
問題 本冊 P.84

$\square \times \dfrac{4}{9} = 12$
$\square = 12 \div \dfrac{4}{9}$
$\square = 12 \times \dfrac{9}{4}$
$\square = 27$

問題 35　正解：5 / 6
問題 本冊 P.84

$\dfrac{15}{6} = \square \times 3$
$\dfrac{15}{6} \times \dfrac{1}{3} = \square$
$\square = \dfrac{5}{6}$

問題36 正解：400 問題 本冊P.85

$8 \div 0.02 = \square$

$\square = 400$

問題37 正解：2.5 問題 本冊P.85

$30 = 15 \times \dfrac{\square}{1.25}$

$30 \div 15 = \dfrac{\square}{1.25}$

$2 = \dfrac{\square}{1.25}$

$\square = 2 \times 1.25$

$\square = 2.5$

問題38 正解：836 問題 本冊P.85

$40 \times 20 = 800$

選択肢の中で 800 に近いのは 836

> 問題を解くコツ
>
> $44 \rightarrow 40$　$19 \rightarrow 20$ の概数で計算

問題39 正解：5％ 問題 本冊P.85

$\dfrac{3}{5}$ は 60％、$\dfrac{1}{4}$ は 25％

したがって左辺は 85％

$85\％ = 17 \times \square$

$\square = 85\％ \div 17$

$\square = 5\％$

問題40 正解：9 / 8 問題 本冊P.85

$\dfrac{27}{8} = \square \times 3$

$\dfrac{27}{8} \times \dfrac{1}{3} = \square$

$\square = \dfrac{9}{8}$

問題41 正解：580 問題 本冊P.86

$35 \times \dfrac{\square}{100} = 203$

$35 \times \square = 20{,}300$

$\square = 20{,}300 \div 35$

$\square = 580$

問題42 正解：2 / 9 問題 本冊P.86

$12 \times \square = \dfrac{8}{3}$

$\square = \dfrac{8}{3} \div 12$

$\square = \dfrac{8}{3} \times \dfrac{1}{12}$

$\square = \dfrac{2}{9}$

問題43 正解：0.4 問題 本冊P.86

$12 = 15 \times \dfrac{\square}{0.5}$

$\dfrac{12}{15} = \dfrac{\square}{0.5}$

$0.8 = \dfrac{\square}{0.5}$

$\square = 0.8 \times 0.5$

$\square = 0.4$

問題44　正解：16/5　問題本冊P.86

1.6 は $\dfrac{16}{10} = \dfrac{8}{5}$

$3 \times \dfrac{\square}{8} = \dfrac{8}{5} \times \dfrac{3}{4}$

$\dfrac{3}{8} \times \square = \dfrac{6}{5}$

$\square = \dfrac{6}{5} \times \dfrac{8}{3}$

$\square = \dfrac{16}{5}$

問題45　正解：81　問題本冊P.86

$(\square - 9) = 24 \times 3$

$\square - 9 = 72$

$\square = 72 + 9$

$\square = 81$

問題46　正解：14　問題本冊P.87

$3 = 15 \div (19 - \square)$

$15 \div 3 = 19 - \square$

$5 = 19 - \square$

$\square = 19 - 5$

$\square = 14$

問題47　正解：6/5　問題本冊P.87

$\dfrac{5}{6} = 1 \div \square$

$\square = 1 \div \dfrac{5}{6}$

$\square = 1 \times \dfrac{6}{5}$

$\square = \dfrac{6}{5}$

問題48　正解：5％　問題本冊P.87

$\dfrac{2}{5}$ は40％、$\dfrac{3}{10}$ は30％

したがって左辺は70％

$70\% = 14 \times \square$

$\square = 70\% \div 14$

$\square = 5\%$

問題49　正解：2　問題本冊P.87

$\dfrac{16}{12} - \dfrac{15}{12} = \dfrac{1}{6} \div \square$

$\dfrac{1}{12} = \dfrac{1}{6} \div \square$

$\square = \dfrac{1}{6} \div \dfrac{1}{12}$

$\square = \dfrac{1}{6} \times 12$

$\square = 2$

問題50　正解：5　問題本冊P.87

$9 \times (7 - \square) = 18$

$7 - \square = 18 \div 9$

$7 - \square = 2$

$\square = 7 - 2$

$\square = 5$

7

【計数】図表の読み取り

>>> 解答・解説

問題 1　正解：0.95x　　問題 本冊 P.88

設問からグラフの7月の増加率に注目する。

2021年の前年同月と比べた製品売上個数の増加率はおよそ5.5%（＝0.055）と読み取ることができる。

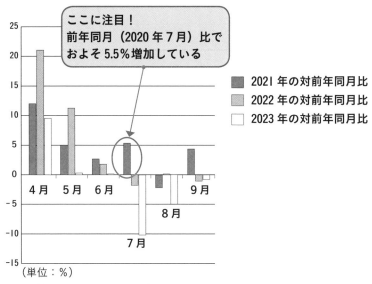

（単位：%）

対前年同月比の増加率から売上個数を求める公式は、

当年の製品売上個数＝前年の製品売上個数 ×（1＋対前年増加率）

設問より2021年7月の製品売上個数をx、2020年7月の製品売上個数をyとすると、

$x = y \times (1 + 0.055)$

$$\frac{y \times (1 + 0.055)}{(1 + 0.055)} = \frac{x}{(1 + 0.055)}$$

$$y = \frac{1}{(1 + 0.055)} x$$

$y = 0.948x$ （小数点以下第4位四捨五入）
となる。選択肢の中から最も近い $0.95x$ が正解。

問題2 **正解：27.3 万円** 問題 本冊 P.89

　本問の円グラフは、外側と内側の二重円グラフになっており、外側は大分類（「租税及び印紙収入」「公債金」「その他収入」の3種類）、内側はそれらをより細かく分けた小分類を表している。
　問われているのは所得税についてである。所得税は「租税及び印紙収入」の中の小分類の1つであるが、所得税（17％）を含めた内側の小分類の数値の合計も100％となるので、所得税の金額は歳入全体の金額の17％であることがわかる。

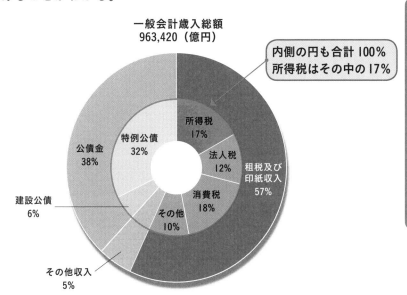

一般会計歳入総額
963,420（億円）

内側の円も合計 100%
所得税はその中の 17%

公債金
38%

特例公債
32%

所得税
17%

法人税
12%

租税及び
印紙収入
57%

建設公債
6%

消費税
18%

その他
10%

その他収入
5%

　平成27年度の所得税の総額は、963,420 × 0.17 ＝ 163,781.4（億円）となる。
　求めるのは1人あたりの所得税の金額なので、**総額を納税者数の6千万人（＝ 0.6 億人）で割る**ことにより算出でき、
　163,781.4（億円）÷ 0.6（億人）＝ 272,969（円）
となる。選択肢の中から最も近い **27.3 万円** が正解。

　半導体製品の生産金額のグラフより、2021 年の C 社は**前年比 － 5.2%**と読み取ることができる。

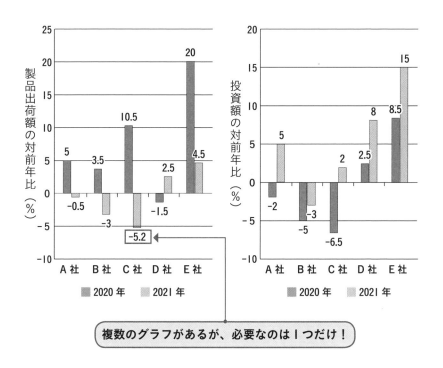

　C 社の 2020 年の生産金額を 100% とすると、2021 年の生産金額は 100 － 5.2 ＝ 94.8（%）であるといえる。

　2020 年の生産金額が *x* なので、2021 年は *x* × 0.948 ＝ **0.948*x*** となる。

　住宅数に関して「建て方・階数、構造別」と「所有関係別」の比率の2つの表が与えられているが、問われているのは民営の借家の戸数なので、使用するのは「所有関係別」の表のみである。

　民営の借家戸数については「借家」中の「民営」の部分を見ればよく、「木造」が 8.3％、「非木造」が 19.5％なので、合計は 8.3 ＋ 19.5 ＝ 27.8％となる。

②所有関係別　（単位：％）

持　　家			59.9
借家	公営		3.8
	UR・公社		1.6
	民営	木造	8.3
		非木造	19.5
	給与住宅		2.1
その他			4.8
計			100.0

合計 27.8％

　住宅の総数が 5,200 万戸で、民営の借家はそのうちの 27.8％であることから、民営の借家戸数は、

　5,200（万戸）× 0.278 ＝ 1,445.6（万戸）

となる。選択肢の中から最も近い 1,450 万戸が正解。

この問題では売り場面積の折れ線グラフが与えられているだけで、正確な面積がわからない。よって、グラフから推測することになる。

まず、選択肢にある期間を 2 つのグラフの中から見つけ出す。

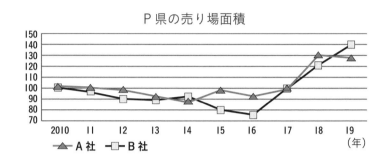

P 県の売り場面積

選択肢のうち、この期間のみおよそ 20 も減少

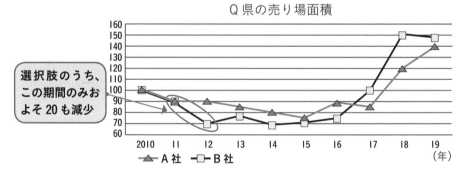

Q 県の売り場面積

指数がおよそ 20 も大きく落ち込んだところは、「Q 県の B 社　2011 年から 2012 年にかけて」のみで、すぐに正解を見つけることができる。

問題 6 正解：D　問題 本冊 P.93

2005 年と比較した 2020 年の増加率の計算は、（2020 年 − 2005 年）÷ 2005 年で計算でき、まとめると（2020 年 ÷ 2005 年）− 1 となる。

$$\frac{2020\ 年 - 2005\ 年}{2005\ 年} = \frac{2020\ 年}{2005\ 年} - \frac{2005\ 年}{2005\ 年} = \frac{2020\ 年}{2005\ 年} - 1$$

増加率の大小を考えればよいので、「2020 年 ÷ 2005 年」のみ計算すればよい。つまり、単純に 2020 年が 2005 年と比較して何倍になったのかを考えればよい。

すべての国について計算をしていくのは時間がかかるので、2020年が2005年の何倍かを概算で見当をつけていく。AとEは約**3**倍、Bは**2**倍に満たず、CとDは約**2**倍となっていることから増加率が3番目に高いのは**C**か**D**のいずれかであることが予想できる。

したがって、CとDのみ計算をすれば時間の短縮につながる。

C：2,730 ÷ 1,270 = 2.14…
D：15,950 ÷ 7,060 = 2.25…

以上より、3番目は**D**と考えられる。

> 1問では大きな短縮につながるわけではないが、積み重ねれば最後の余裕につながる。

問題 7　**正解：1.6 割**　　問題
本冊 P.94

穀物類・飼料類の貿易額÷全体の貿易額で、全体に占める穀物類・飼料類の割合を求める。

区分	1980 年	1990 年	2000 年	2005 年	2009 年
主要食料品貿易額（単位：億ドル）					
全体	1,966	2,820	3,996	6,413	9,370
畜産物・酪農品	364	588	817	1,329	1,773
水産物	123	308	507	715	874
穀物類・飼料類	523	576	696	1,024	1,715
野菜類・果実類	240	476	687	1,141	1,580
その他	716	872	1,289	2,204	3,428
対前年増加率（単位：%）					
畜産物・酪農品	4.2	5.8	3.7	6.2	3.1
水産物	10.1	14.7	6.6	4.3	1.9
穀物類・飼料類	0.8	0.9	2.4	4.9	6.4
野菜類・果実類	7.8	9.5	4.1	6.1	3.9
その他	3.2	2.5	4.3	7.5	5.1

> ここに注目！
> 貿易額を拾い出す

2005年の値を拾い出して計算してみると、1,024 ÷ 6,413 ≒ 0.160となり、およそ1.6割。

与えられている表は 2023 年 10 月の表。それに対して問われているのは 2022 年 10 月の契約台数。

ここで、表の一番右の列を見てみると、前年同月比という項目があることがわかる。

前年同月比というのは前年の同じ月に対して今年はどれくらい増えたか（減ったか）をみるときに使われるもの。たとえば A 社の前年同月比は 1.15 なので、

前年（2022 年）10 月の契約台数 × 1.15 ＝ 今年（2023 年）10 月の契約台数

となる。両辺を ÷ 1.15 とすると、

前年（2022 年）10 月の契約台数 ＝ 今年（2023 年）10 月の契約台数 ÷ 1.15

となる。

この計算式に当てはめて 2022 年 10 月の値を求めていく。

2023 年 10 月	契約台数（千台）	前月比	前年同月比
A 社	50,700	1.01	1.15
B 社	45,000	0.99	0.90
C 社	35,000	1.05	1.35
D 社	20,500	0.95	0.74
合計	151,200	1.00	1.02

この 2 つを計算して 2022 年 10 月（前年同月）を求める

以下、A 社から D 社について、順に計算すると（小数点以下切り捨て）、
A 社：50,700 ÷ 1.15 ＝ 44,086　②
B 社：45,000 ÷ 0.90 ＝ 50,000　①
C 社：35,000 ÷ 1.35 ＝ 25,925　④
D 社：20,500 ÷ 0.74 ＝ 27,702　③
これにより、契約台数が 3 番目に多い会社は D 社ということがわかる。

　問われているのは「明らかに正しい」といえるもの。

　選択肢を上から順に確認していく。

　「2017年の悪性新生物による死亡率は肺炎による死亡率のおよそ3.8倍である」は、悪性新生物の値÷肺炎の値を計算すると、30.1 ÷ 9.8 ≒ 3.07となる。

　およそ3.1倍であるため、明らかに誤り。

　次に、「毎年最も高い死亡率は悪性新生物である」は、グラフからだけでは毎年とは判断できない。

　「2017年の不慮の事故による死亡者数を1としたとき、心疾患による死亡者数は5.1である」は、全体の死亡者数が与えられていないため、具体的な人数を求めることはできない。

　ただし、基準となる全体の死亡者数が同じであるため、割合の値を用いて、

　不慮の事故の値：1＝心疾患の値：x

を計算することで求めることができる。実際の値で計算すると、

　3.3：1 ＝ 15.8：x ⇒ $3.3x = 15.8$

よって、$x ≒ 4.79$ となるため、明らかに誤り。

　「老衰の割合は年々高まっている」は、グラフからでは97年→3.8、17年→3.4とむしろ減っているといえる。

　最後に、「2017年は死亡率上位4位までで、全体のおよそ3分の2を占めている」は、上位4位の悪性新生物、心疾患、脳血管疾患、肺炎の値を足すと、30.1 ＋ 15.8 ＋ 10.7 ＋ 9.8 ＝ 66.4となる。3分の2は約0.667、すなわち66.7％であるため、最も近く、これが正解。

　平成 22 年から平成 26 年にかけての航空旅客数と増減率の推移についての表が与えられている。増減率とは前年に対する増減率のことで、(「当年の旅客数」－「前年の旅客数」)÷「前年の旅客数」× 100 で算出できる。

　求める x は、平成 24 年の韓国への旅客数増減率なので、平成 24 年の旅客数（1,948 千人）とその前年である平成 23 年の旅客数（1,641 千人）を用いて算出する。

　上の公式にあてはめると、

　(1,948 － 1,641) ÷ 1,641 × 100 ＝ 307 ÷ 1,641 × 100 ≒ 18.7％

となる。よって、18.7 が正解。

この＋ 307 が 1,641 に対して何％にあたるかを計算する

＋307　　　　　　　　　　　　　　　（単位：千人、％）

航空路線 ＼ 年度		平成22年	平成23年	平成24年	平成25年	平成26年
韓国	旅客数	1,873	1,641	1,948	1,762	1,572
	増減率	－15.5	－12.4	x	－9.5	－10.8

　このグラフのデータは、対前月増加率なので、前月の値に対しての増減を表していることに注意する。

　つまり、グラフの傾きにかかわらず、該当月の値がプラスであれば前月より増加、マイナスであれば前月より減少しているということ。

　設問は「売上高の変化の割合が最も大きいもの」をきいている。

　「変化の割合が最も大きい」ということは増加または減少の割合が大きいということ、あくまでその数値が**大きいか小さいか**で、**プラス**であるか**マイナス**であるかは関係がない。

　グラフから実際に牛丼屋 B の 2 月から 6 月の数値を読み取ってみると、次のようになる。

	2月	3月	4月	5月	6月
対前月比	0.3	0	−0.5	−0.2	0.4

プラス、マイナスにかかわらず数値（絶対値）の大小を見る

これにより、売上高の変化の割合が最も大きいのは4月であることがわかる。

問題12 正解：2010年度 問題 本冊P.99

設問から、前年と比較した一人あたりの排出量の増加率を求める必要がある。ただし、この問題では具体的な値が与えられていない。そこでグラフの傾きに注目してみる。

増加している、つまりプラスの年度の中から、傾きが大きいものを選ぶ

減少しているので増加率はマイナスになる

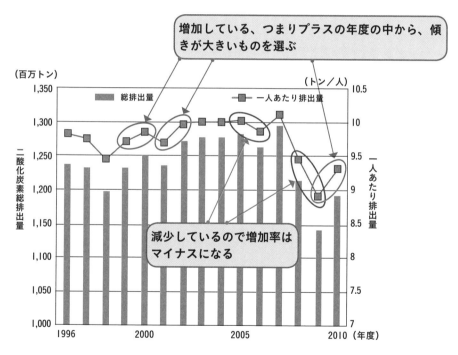

傾きがプラスの年度の中で、より傾きが大きい2002年度と2010年度とで考える。2002年度が0.3トン前後の増加量に対して、2010年度は0.5トン近くの増加量。また、分母となる前年度の値も2010年度の前年のほうが小さくなっている。分母が小さく、分子が大きいことから増加率は2010年度のほうが高いことがわかる。

国産率は「国内生産量＋輸入量」に対する「国内生産量」の割合と考えられる。

「国内生産量＋輸入量」は100％と考えられるので2020年の数値をあてはめると、**輸入量の割合は100 － 56.5 ＝ 43.5％**となる。

つまり、国内生産量：輸入量＝ 56.5：43.5 と表せる。

さらに、グラフより、国内生産量＝ 33.6 万トン、輸入量＝ x 万トンであるので、**33.6 : x ＝ 56.5 : 43.5** が成り立つ。

これより、$56.5x = 33.6 \times 43.5$

$x = 33.6 \times 43.5 \div 56.5$

$x = 25.86\cdots$（万トン）

よって、選択肢より 25.9 万トンが最も近いといえる。

> **比例式の性質**
> $A : B = C : D \rightarrow A \times D = B \times C$

「2017年においてフランスと韓国からの輸入額の合計は1,450億円以上である」

2017年のフランスと韓国の合計輸入額の割合は、グラフから**50％に満たない**ことがわかる。仮に50％だったとしても、2国の合計は総額の半分 2,868 ÷ 2 ＝ 1,434（億円）となるので、実際にはそれ以下であることは明らかである。したがって1,450億円以上となることはなく、誤りといえる。

「2015年におけるフランスからの輸入割合が37％だとすると、フランスからの輸入量は2020年の方が多い」

フランスからの2015年の輸入額は 2,908 × 0.37 ＝ 1,075.96（億円）。

2020年は**40％を少し下回っており**、40％で計算してみても 2,562 × 0.4 ＝ 1,024.8（億円）となるので、これを下回ることは明白。したがって誤りといえる。

「2019年におけるフランス以外からの輸入額は、およそ1,830億円である」

2019年のフランスからの輸入がほぼ40％なので、**フランス以外からの輸入が60％**として計算してみる。

3,056 × 0.6 ＝ 1,833.6（億円）より、およそ1,830億円といえる。よって正しい。

「2016 年から 2019 年のイタリアの割合がほぼ一定だとすると、イタリアからの輸入量は 3 年間で 16% 以上増えた」

割合がほぼ一定であるならば、**総額の増加率がそのままイタリアの増加率と同じとなる。**

2016 年から 2019 年の総額の増加率は、
$\frac{3,056}{2,666} - 1 = 0.146\cdots$（約 14.6% の増加）

イタリアの増加率も同じとなるので、16% 以上の増加ではなく誤りといえる。

したがって正しいものは
1 つのみである。

> 例えば、総額が 100 円から 200 円に増加した場合、
> **イタリアの輸入額が 10% とすると、イタリアの輸入額は 10 円から 20 円に増加。このとき増加率は**
> 総額：$\frac{200}{100} - 1 = 1$（100%）
>
> イタリア：$\frac{20}{10} - 1 = 1$（100%）

問題
本冊 P.102

問題 15 　正解： 7 時 52 分 30 秒

甲、乙、丙の 3 町間のバスの運行表（ダイヤグラム）から、丙町を 7 時 20 分に出発したバスが、甲町から丙町に向かうバスと甲町と乙町の間で出会う時刻を求める問題。

グラフの各線を次のように色分けして考える。

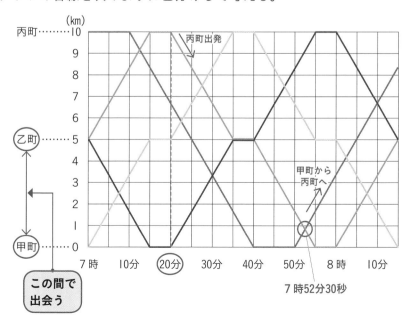

丙町を7時20分に出発したバスは、グラフ中の濃い青色の線で表されている。グラフの線をたどると、その後このバスは7時35分に乙町に到着して5分間停車し、7時40分に乙町を出発して7時55分に甲町に到着していることなどがわかる。

　途中で違う色の線と何回か交わっている箇所は、その時刻に別のバスと同じ地点にいる、すなわち「出会った」ことを表している。設問にあるように「甲町から丙町に向かうバスと甲町と乙町の間で出会う時刻」というのは、**このバスがグレー色の線が表すバスと交わっている**時刻のことであり、7時50分と7時55分のちょうど真ん中の時刻なので、7時52分30秒であるとわかる。

問題16　正解：1.34x

問題
本冊 P.103

　ファストフードとファミリーレストランについて、「やや便利になった」と感じた人の割合を比較する。

　グラフから、ファストフードが「やや便利になった」と感じた人の割合は21.5%、ファミリーレストランは28.8%なのがわかる。

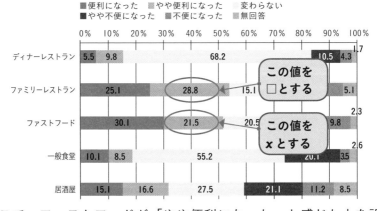

　ここで、ファストフードが「やや便利になった」と感じた人を設問のとおりxとし、ファミリーレストランが「やや便利になった」と感じた人を□として比の形にしてみる。

$21.5 : x = 28.8 : □$

$21.5 × □ = 28.8x$

$□ = 28.8x ÷ 21.5$

$≒ 1.34x$

2018年の北米の自動車生産台数を求める必要がある。そのためにまず、2008年の北米の自動車生産台数を求める。計算式は、

2008年の総生産台数×北米の構成比（％）÷100

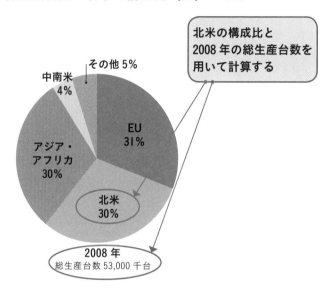

北米の構成比と
2008年の総生産台数を
用いて計算する

その他5%
中南米
4%
EU
31%
アジア・
アフリカ
30%
北米
30%
2008年
総生産台数 53,000 千台

計算をすると、

53,000千台×30％÷100 = 15,900千台

となる。ここから2018年には19％減少するため、

15,900千台×（100％－19％）÷100 = 12,879千台

2018年の北米の自動車生産台数は12,879千台となる。

2018年の総生産台数を求める計算式は、

2018年の北米の生産台数÷北米の構成比（％）× 100

2018年の北米の構成比は18％なので、

12,879千台÷18％×100 = 71,550千台

となる。

　設問から、2006 年のタイからの輸入額と 2016 年のアメリカからの輸入額の比較をする必要がある。

　輸入額の計算式は、

各国からの輸入額＝輸入総額×構成比（％）÷ 100

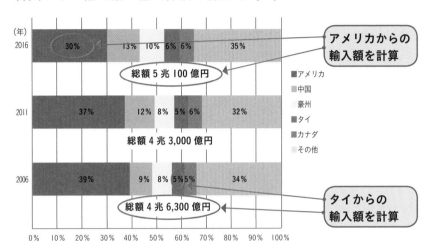

　2006 年のタイからの輸入額は、

　4 兆 6,300 億× 5 ÷ 100 ＝ **2,315 億**

　同様に 2016 年のアメリカからの輸入額は、

　5 兆 100 億× 30 ÷ 100 ＝ **1 兆 5,030 億**

となる。

　2006 年のタイからの輸入額を 1、2016 年のアメリカからの輸入額を x とし、比の形で表すと、

　2,315：1 ＝ 15,030：x

　2,315x ＝ 15,030

　x ≒ 6.5

以上より、およそ 6.5 となる。

棒グラフでは第1次産業、第2次産業、第3次産業の就業人口が年度ごとに表されている。問われているのは1970年の第1次産業就業者数と、1950年の就業者数全体の比較なので、数値を実際に拾い上げて計算していく。

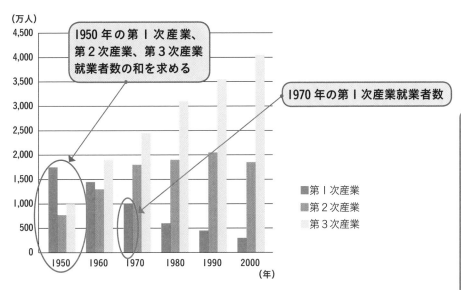

1970年の第1次産業就業者数はおよそ1,000万人。

1950年の第1次産業就業者数はおよそ1,750万人、第2次産業就業者数はおよそ750万人、第3次産業就業者数はおよそ1,000万人で、合計およそ3,500万人と読み取ることができる。

1970年の第1次産業就業者数を設問の通り *x*、1950年の就業者全体の数を□とし、比の形で表すと、

1,000：*x* ＝ 3,500：□

1,000 □ ＝ 3,500*x*

□ ＝ 3.50*x*

　日本の産業別就業者数の推移に関する表を用いて、2002年から2014年にかけての「医療・福祉」の就業者数増加率を求める問題である。

　増加率もしくは減少率は、(「当年の数値」－「元の年の数値」)÷「元の年の数値」× 100、すなわち、「増加数（減少数）」÷「元の年の数値」× 100 で算出できる。

　「医療・福祉」については、2002年が474（万人）、2014年が757（万人）となっているため、増加率は、

　(757 － 474) ÷ 474 × 100 = 283 ÷ 474 × 100 ≒ 59.7%

となる。よって、59.7%が正解。

（単位：万人）

年次	総数	農業・林業	建設業	製造業	運輸・郵便業	卸売・小売業	金融・保険・不動産業	教育・学習支援業	医療・福祉	その他
2002	6,330	268	618	1,202	327	1,108	270	277	474	1,786
2014	6,351	209	505	1,040	336	1,059	266	301	757	1,878
男	3,621	126	431	731	273	515	142	134	187	1,0
女	2,730	83	74	309	63	544	124	167	570	
<2002年〜2014年の増加率>										
	0.3%	－22.0%	－18.3%	－13.5%	2.8%	－4.4%	－1.5%	8.7%	x	5.2%

＋283

474 に対して
何%か

　2016年から2023年までの8年間のサウジアラビアからの輸入量平均を計算し、各年と比較する。

　平均は「合計」÷「個数」となるので、

　(494 ＋ 470 ＋ 452 ＋ 450 ＋ 524 ＋ 463 ＋ 506 ＋ 602) ÷ 8 = 3,961 ÷ 8 = 495.125

　したがって、平均を上回っているのは2020年、2022年、2023年の3回である。

　平均を計算する際に、例えば500を基準として各年との差の平均を出すと、

　(－ 6 － 30 － 48 － 50 ＋ 24 － 37 ＋ 6 ＋ 102) ÷ 8 = － 39 ÷ 8 = － 4.875

となることから、輸入量の平均は 500 − 4.875 = 495.125 と求めること
もできる。

問題22　正解：1,470 億円　問題本冊 P.109

　金融部門の増加額を x とすると、翌年の売上総額は
11,200 + 9,560 + 4,560 + 1,210 + x = 26,530 + x（億円）と表せる。
　エンターテインメント部門の売上高は変わらず 11,200 億円で、これが
総額の 40％となることから、$(26,530 + x) \times 0.4 = 11,200$ が成り立つ。
　26,530 + x = 11,200 ÷ 0.4
　x = 11,200 ÷ 0.4 − 26,530
　x = 1,470
となる。よって、1,470（億円）が正解。

問題23　正解：22.5％　問題本冊 P.110

　表には、身長の範囲ごとの度数が与えられている。累積度数とはその
範囲までの度数の合計のこと。たとえば、165 以上 170 未満までの累積
度数 (20) はそれまでの度数の和なので、1 + 5 + 14 = 20 となっている。
ここから、全体の人数は 40 人とわかる。

身長（cm）	度数（人）	累積度数（人）	
155 以上 160 未満	1	1	
160 以上 165 未満	5	6	
165 以上 170 未満	14	20	合計が「累積度数」になる
170 以上 175 未満	11	31	
175 以上 180 未満	5	36	
180 以上 185 未満	3	39	
185 以上	1	40	この値が全体の合計になる

　身長 175cm 以上の生徒の人数は、5 + 3 + 1 = 9（人）
　身長 175cm 以上の生徒の割合を求める計算式は、
　身長 175cm 以上の人数÷全体の人数× 100

25

実際の数値で求めると、

$9 \div 40 \times 100 = 22.5\%$

問題24 正解：22,900億円
 問題 本冊P.111

「減少率（増加率）が同じ」⇒「倍率が同じ」ととらえると、
2019年〜2020年の倍率は、$2,601 \div 2,956 = 0.879\cdots$より、
およそ **0.88** 倍となる。

2020年〜2021年も同じ倍率＝ **0.88** 倍となるので、2021年の映像・音声・文字情報制作（除、ニュース供給）の生産額は $2,601 \times 0.88 = 2,288.88$（十億円）となる。

選択肢で最も近いのは **22,900** 億円である。

問題25 正解：405人
 問題 本冊P.112

縦に各国名、横には人口（千人）、国会議員1人に対する人口（千人）、人口密度（人/km²）、1人あたりのGDP（米ドル）がある。問われているのは、カナダの国会議員数で、計算式は、

国会議員数＝人口÷国会議員1人に対する人口

となる。実際の値で計算すると（小数点第3位以下四捨五入）、

$30,750 \div 75.9 = 405.14$

となり、**405**人であることがわかる。

> カナダの人口と国会議員1人に対する人口を用いて計算する

	人口（千人）	国会議員1人に対する人口 人口/国会議員数（千人/人）	人口密度（人/km²）	1人あたりのGDP（米ドル）
イギリス	59,500	56.7	197	40,862
イタリア	57,370	63.4	236	38,325
フランス	59,520	66.3	94	46,675
カナダ	30,750	75.9	3	56,551
ドイツ	82,260	109.0	230	43,853
日本	127,770	174.5	338	45,915
ロシア	145,500	231.7	9	12,718
アメリカ	281,420	526.0	29	53,570

> **参考**
>
> 面積は人口÷人口密度で求め、GDPは1人あたりのGDP×人口で求める。

正解：1997年の携帯電話の契約数に比べ、
2011年は3.3倍になっている

問題
本冊 P.113

　グラフの左側の縦軸は普及率、右側の縦軸は契約数を示している。各グラフがどちらの軸のものかを判断する必要があるが、この問題では各グラフ上に数字が記入されているので、その値を用いて計算をする。

　選択肢を順に確認していく。

「近年、固定電話契約者がインターネット利用に変わってきている」

これはグラフからだけでは判断できない。

「2011年の携帯電話普及率は1997年と比較しておよそ2.5倍になっている」

　実際の値を確認すると、2011年の携帯電話普及率は94%、1997年の携帯電話普及率は29%。94 ÷ 29 ≒ 3.241…より、およそ3.2倍。よって「明らかに誤り」。

「2015年には携帯電話契約数が固定電話契約数を上回る」

これはグラフからだけでは判断できない。

「1997年の携帯電話の契約数に比べ、2011年は3.3倍になっている」

　実際の値を確認すると、2011年の携帯電話の契約数は14,121万台、1997年の携帯電話の契約数は4,275万台。

14,121 ÷ 4,275 ≒ 3.30より、およそ3.3倍。よって「明らかに正しい」といえるため、これが正解。

「現状ではインターネットの普及率は固定電話の普及率を上回っていない」

これはグラフからだけでは判断できない。

学校数全体に占める小学校の割合は、「小学校数÷全学校数」で計算できる。

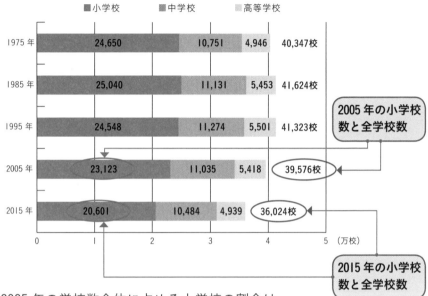

■小学校　　■中学校　　高等学校

1975 年	24,650	10,751	4,946	40,347校
1985 年	25,040	11,131	5,453	41,624校
1995 年	24,548	11,274	5,501	41,323校
2005 年	23,123	11,035	5,418	39,576校
2015 年	20,601	10,484	4,939	36,024校

2005 年の小学校数と全学校数

2015 年の小学校数と全学校数

2005 年の学校数全体に占める小学校の割合は、
23,123 ÷ 39,576 = 0.58426…より、およそ **58.43**％
同様に、2015 年の学校数全体に占める小学校の割合は、
20,601 ÷ 36,024 = 0.57186…より、およそ **57.19**％
したがって、この 10 年間で減少したのは 58.43 − 57.19 = 1.24 ポイント
選択肢で最も近いのは **1.2 ポイント**となる。

情報通信業における県内勤務の就業者数と県外勤務の就業者数の比較をする。注意する点は、県内勤務が自市区町村内と他市区町村内（県内）の合計であるということ。

自市区町村＋他市区町村（県内）が県内勤務の就業者数

他市区町村（県外）の何倍かを考える

情報通信業の全就業者数は不明なので、x とする。

県内勤務は $x \times (23.0 + 47.3) = 70.3x$（人）

県外勤務は $x \times 29.7 = 29.7x$（人）と表すことができる。

したがって、県内勤務の就業者数が県外勤務の就業者数の何倍になるかを計算すると、

$70.3x \div 29.7x \fallingdotseq 2.37$

となる。よって、およそ 2.4 倍ということがわかる。

（単位：km）

			博多
		広島	280.7
	岡山	?	442.0
新大阪	180.3	341.6	622.3

　山陽新幹線の主要4駅間の距離表より空欄になっている岡山－広島間の距離を求める問題で、表の見方を理解することがポイントとなる。

　たとえば表中の180.3というのは、左の**新大阪駅**と上の**岡山駅**の間の距離が180.3kmであることを示している。同様に、表中の341.6というのは、左の**新大阪駅**と上の**広島駅**の間の距離を示し、622.3は左の**新大阪駅**と上の**博多駅**の間の距離を示している。

　岡山－広島間の距離は、新大阪－広島間の距離から新大阪－岡山間の距離を引くことで求めることができる。つまり、

　341.6 － 180.3 ＝ 161.3（km）

となり、161.3kmが正解である。

　なお、岡山－博多間の距離442.0kmから広島－博多間の距離280.7kmを引くことでも求められる。

【計数】表の穴埋め

問題 1 **正解：380 個** 問題 本冊 P.117

　作業時間には、収穫数と作業員数の両方がかかわることは一般的に考えて明らかである。ここでは３つの要素から１分あたりの収穫数を計算してみる。

　収穫数と作業員数から１人あたりの収穫数を計算し、さらに作業時間で割れば、１分で収穫できる個数が求められる。

　各日を計算すれば、

８月３日：$350 \div 4 \div 175 = 0.5$

８月６日：$420 \div 3 \div 280 = 0.5$

８月10日：$420 \div 5 \div 168 = 0.5$

８月13日：$320 \div 2 \div 320 = 0.5$

	８月３日	８月６日	８月10日	８月13日	８月17日
収穫数(個)	350	420	420	320	？
作業員数(人)	4	3	5	2	4
作業時間(分)	175	280	168	320	190
１分あたりの収穫数	0.5	0.5	0.5	0.5	0.5

　これより、１分あたり0.5個収穫できることがわかる（実際には８月３日と８月６日を計算すれば１分あたり0.5個の収穫数だと判断できるので、８月10日と８月13日は計算しなくてもよい）。

　よって、８月17日の収穫数は、

　$0.5 \times 190 \times 4 = 380$（個）

となる。

【計数】表の穴埋め

問題１

31

この設問では外壁塗装費用の見積金額が問われている。見積金額を出すのに必要と思われるデータは外壁面積と戸数であると推測することができる。そこで、1㎡あたりの塗装費用である塗装単価を、

　塗装単価（千円/㎡）＝**見積金額（千円）÷ 外壁面積（㎡）**

により計算してみると、各棟の塗装単価は、次の表のようになる。

	A棟	B棟	C棟	D棟	E棟	F棟
戸数	20	20	25	25	30	30
外壁面積（㎡）	2,200	2,214	2,464	2,398	2,590	2,790
見積金額（千円）	13,200	13,284	12,320	11,990	10,360	?
塗装単価（千円/㎡）	6	6	5	5	4	?

　塗装単価はすべて同じにはならなかったが、戸数に注目すると法則性が見出せる。戸数が 20 戸の A、B 棟では 6 千円/㎡、戸数が 25 戸の C、D 棟では 5 千円/㎡になっていることがわかる。このことから戸数によって塗装単価が異なると推測することができる。

　戸数＝ 30 戸の E 棟では 4 千円/㎡となっているので、同じく戸数が 30 戸の F 棟も 4 千円/㎡と考えることができる。よって、

　見積金額（千円）＝**外壁面積（㎡）×塗装単価（千円/㎡）**

より、

　2,790 × 4 = 11,160 千円

となる。

　四半期利益を推測する問題だが、表の四半期利益からは特に法則性は見出せない。よって、販売個数と原価から推測していく。

　まず、四半期別の販売原価を、

　販売原価（千円）＝**販売個数（千個）×原価（円/個）**

より計算すると、各四半期の販売原価は次の表のようになる。

	第1期 (1月～3月)	第2期 (4月～6月)	第3期 (7月～9月)	第4期 (10月～12月)
販売個数（千個）	45	66	112	85
原価（円／個）	120	115	105	110
販売原価（千円）	5,400	7,590	11,760	9,350

次に各四半期において販売原価に占める利益の割合はどのようになっ
ているのかを、

販売原価に占める利益の割合＝**四半期利益（千円）÷ 販売原価（千円）**
により、計算してみる。

	第1期 (1月～3月)	第2期 (4月～6月)	第3期 (7月～9月)	第4期 (10月～12月)
四半期利益（千個）	1,080	1,518	2,352	？
販売原価（千円）	5,400	7,590	11,760	9,350
販売原価に占める 利益の割合	0.2	0.2	0.2	？

第1期は、1,080 ÷ 5,400 ＝ **0.2**

第2期は、1,518 ÷ 7,590 ＝ **0.2**

第3期は、2,352 ÷ 11,760 ＝ **0.2**

となり、すべて **0.2** であることがわかる。

第4期も **0.2** と推測できるので、四半期利益は、

販売原価× **0.2** より、

9,350 × 0.2 ＝ 1,870 千円となる。

問題4　正解：224 千円　　問題
本冊 P.120

ここでは、Fさんの給与がいくらかを問われているので、表中から何
が給与を決めているのか知る必要がある。

年齢と給与の関係性は、AさんとEさんを比べてみるとわかるが、年
齢が高いからといって給与が高いわけではない。勤続年数と給与の関係
性も、BさんとEさんを比べてみるとわかるが、勤続年数が長いからと
いって給与が高いわけではない。担当地域が同一で給与がわかっている
のはAさんとBさんだけなので、これだけでは判断がつかない。

一方、月平均契約件数と給与を比べてみると、月平均契約件数が多け
れば給与が高くなっていく傾向が表から読み取れる。

	Aさん	Bさん	Cさん	Dさん	Eさん	Fさん
年齢（歳）	28	27	30	33	29	26
勤続年数（年）	5	4	7	11	5	3
担当地域	東北	東北	北関東	南関東	甲信越	甲信越
月平均契約件数（件）	31	25	33	41	19	28
給与（千円）	248	200	264	328	152	?

年齢、勤続年数、担当地域からは給与との関連性が見出せない

月平均契約件数が多ければ給与が高くなっていく傾向がある

　そこで、

　給与（千円）÷月平均契約件数（件）

より、契約1件あたりの給与を計算してみると、

　Aさん：248÷31＝8（千円）

　Bさん：200÷25＝8（千円）

　Cさん：264÷33＝8（千円）

　Dさん：328÷41＝8（千円）

　Eさん：152÷19＝8（千円）

となり、すべて8千円になる。

　Fさんについても同様に契約1件あたり給与が8千円と推測できるので、Fさんの給与は、

　月平均契約件数×8（千円）

より、

　28×8＝224千円となる。

問題 5 **正解：32,500 円** 問題 本冊 P.121

　まず、仕入れ、販売数、売上高の3つの要素の2月以降の変動を見ていく。

	1月	2月	3月	4月	5月	6月
仕入れ（個）	–	減	減	減	減	変わらず
販売数（個）	–	変わらず	減	減	減	減
売上高（円）	–	増	減	増	減	?

仕入れ、販売数ともに売上高と連動していない

　売上高の増減と他の2要素は特に連動している様子がない。よって単純な比例関係などではないと判断できる。次に、売上には何が関連しているかを一般的な考え方で当てはめてみると、「**売上**」＝「**単価**」×「**販売数**」となることが予想できる。表からは販売数との変動の一致がなかっ

たので、それぞれの月の単価（1個当たりの販売価格）について計算する。「単価」＝「売上高」÷「販売数」より、以下のようになる。

	1月	2月	3月	4月	5月	6月
売上高（円）	32,000	33,600	33,000	33,350	32,400	?
販売数（個）	320	320	300	290	270	260
単価（円）	100	105	110	115	120	125 ?

ここに規則性が見える

　表のように、単価が一定ではないため販売数だけでは関係性が見えなかったことがわかる。また、単価には規則性があり、毎月5円ずつ増加していくことが見える。よって、6月も5月と比べて単価が5円増加し、125円となることが推測できる。したがって、6月の売上高は「単価」×「販売数」より、125 × 260 ＝ 32,500（円）であると推測できる。

問題6　**正解：43,800 円**　問題 本冊 P.122

　宿泊プランAからCまでの料金を見ると、利用者の人数が増えるに従い料金が上昇していることがすぐに読み取れる。ここでは、その料金の増え方に何らかの法則性を見出す必要がある。

　しかし、料金の上昇幅には特に法則性は見出せない。そこで、料金増加の割合に注目してみる。2名利用時の料金を基準として、3名利用時、4名利用時の料金は何倍になっているかについて計算してみると（小数点以下第3位四捨五入）、次の表のようになる。

	プランA	プランB	プランC	プランD
3名利用時の料金÷2名利用時の料金	1.40	1.40	1.40	1.40
4名利用時の料金÷2名利用時の料金	1.60	1.60	1.60	?

　上の表から明らかなように、3名利用時の料金は2名利用時の料金の1.4倍、4名利用時の料金は2名利用時の料金の1.6倍になっていることがわかる。プランDの4名利用時の料金も2名利用時の料金の1.6倍と推測できる。設問の4名利用時の料金は、

　2名利用時の料金× 1.6

より計算できるので、

　27,400 × 1.6 ＝ 43,840（円）

となり、選択肢の中で最も近い43,800円が正解になる。

35

　ここでは見積金額についての計算方法を知る必要がある。表にはプランごとに作業員の社員数、アルバイト人数、およびそれぞれの平均人件費が記載されている。作業員についての人件費を社員、アルバイトに分けて計算し合算することで、総人件費を計算することができる。総人件費は、

　（社員数×社員平均人件費）＋（アルバイト人数×アルバイト平均人件費）

　さらに、表にはプランごとに事務費が計上されているので、

　総人件費＋事務費

を計算してみると、計算結果は次の表のとおりとなる。

	プラン A	プラン B	プラン C	プラン D	プラン E
社員人件費（千円/日）	15	15	15	15	15
アルバイト人件費（千円/日）	0	8	16	16	24
総人件費（千円/日）	15	23	31	31	39
事務費（千円）	1.3	1.8	2.2	2.6	3.1
総人件費＋事務費（千円）	16.3	24.8	33.2	33.6	42.1
見積金額（千円）	21.3	34.8	43.2	53.6	?
差額（見積金額－総人件費－事務費）（千円）	5	10	10	20	?

　しかし、総人件費＋事務費は各プランの見積金額より低くなっている。それらの差額を計算してみると、上の表の最下行のとおり。差額には何か法則性があるように見える。設問の表の使用トラックと照らし合わせると、2 t トラックであれば差額は 5 千円、4 t トラックであれば 10 千円、8 t トラックであれば 20 千円となっている。すなわち、**見積金額との差額はトラックのトン数に比例している**ことがわかる。

　プラン E は 8 t トラックなので、プラン D と同様に、

　総人件費＋事務費＋ 20（千円）

で見積金額を計算することができる。よって、プラン E の見積金額は、

　39 ＋ 3.1 ＋ 20 ＝ 62.1 千円

となる。

　国内からの観光客の人数を海外からの観光客の人数が上回るのがいつかを問われているので、それらの推移についての法則性を見出す必要がある。

　まず、2020 年から 2023 年までの前年からの変動分を計算してみると、次の表のようになる（2019 年については 2018 年の観光客数がわからないので計算できない）。

毎年、約 50 減少

		2020 年	2021 年	2022 年	2023 年
対前年観光客数の 変動分（千人）	国内	-51	-49	-52	-49
	海外	19	41	62	81

およそ 20 → 40 → 60 → 80

　計算結果から、国内からの観光客数は前年と比べておよそ 50 千人ずつ減少し、海外からの観光客数はおよそ 20 千人、40 千人、60 千人、80 千人と増加し、増加人数が毎年 20 千人ずつ増えていることがわかる。

　この傾向が 2024 年以降も続くとすると、2023 年の観光客数（国内からの観光客＝ 417（千人）、海外からの観光客＝ 215（千人））をもとにすれば、次の表のようになる。

	2023 年	2024 年	2025 年
国内からの観光客	417	367	317
前年からの変動分		−50	−50
海外からの観光客	215	315	435
前年からの変動分		＋100	＋120

　上の表より、海外からの観光客の人数が国内からの観光客の人数を上回るのは **2025 年**と推測できる。

　なお、計算するうえで 2025 年が正解とわかれば、それより後（2026 年以降）の計算は必要ない。

　ここでは 2 種類の表があり、上段の表が商品 A・B 個別に販売すると
きの価格、下段の表が商品 A・B をセットにして販売するときの価格を
示している。

　セット販売のほうが A・B 個別に販売する場合より安くなると予想さ
れるので、商品 A・B 個別での販売価格を合計した金額を計算する。

　上段の表より、商品 A・B 個別で 5 個ずつ販売する場合は 975 ＋ 1,450
＝ 2,425（円）、10 個ずつ販売する場合は 1,900 ＋ 2,800 ＝ 4,700（円）、
20 個ずつ販売する場合は 3,600 ＋ 5,200 ＝ 8,800（円）となる。これより
下段の表と比較してセット売り価格のほうが安くなっていることが確認
できる。

　次に、セット売りのときの値引きの方法に何か法則性がないかを考え
る。そこで、「セット売り価格」÷「商品 A・B 個別の販売価格合計」
より、「セット売り価格」が「商品 A・B 個別の販売価格合計」のどれ
くらいの割合になっているか計算してみる。

　5 個ずつの場合は 2,183 ÷ 2,425 ＝ 0.90（小数点以下第 3 位四捨五入）、
20 個ずつの場合は 7,920 ÷ 8,800 ＝ 0.9 となり、「セット売り価格」は「商
品 A・B 個別の販売価格」を合計した金額の 9 割と推測できる。

　よって、10 個ずつであれば 4,700 × 0.9 ＝ 4,230（円）となる。

　問われているのは、versionB・4 WD モデルのセーフティ企画の特別
価格なので、versionB の 2 WD モデルと 4 WD モデルの価格に法則性が
ないか、検討してみる。

車種		シンプル企画 （オプション無）		パフォーマンス企画 （本革張りシート）		セーフティ企画 （歩行者検知機能付）	
		通常価格	特別価格	通常価格	特別価格	通常価格	特別価格
version A	2WD モデル	258	243	288	265	293	271
	4WD モデル	279	259	309	281	314	287
version B	2WD モデル	378	363	408	385	413	391
	4WD モデル	399	379	429	401	434	?
version B 車種 (4WD-2WD)		21	16	21	16	21	

> 2WD モデルと
> 4WD モデルの
> 価格差を調べ
> てみる

　2WD モデルと 4WD モデルの価格差を調べてみると、通常価格については、シンプル企画、パフォーマンス企画、セーフティ企画のいずれも 2WD モデルと 4WD モデルの価格差は 21 万円。特別価格については、シンプル企画、パフォーマンス企画のいずれも価格差は 16 万円であることから、セーフティ企画についても価格差は 16 万円と推測できる。

　よって、391（万円）＋ 16（万円）＝ 407（万円）

　以上より、正解は 4,070,000 円となる。

問題 11　正解：営業 40 人　システム管理 12 人　問題 本冊 P.127

　東北支局の 2023 年度の営業部とシステム管理部の社員配置人数を推測するわけだが、表からは法則性は見当たらない。そこで、まず東海支局と東北支局を見比べてみる。

　営業部について見てみると、2020 年度の東海支局は 98 人、東北支局は 35 人。この比率を見ると、98 ÷ 35 ＝ 2.8 から、東海支局の人数は東北支局の 2.8 倍となっている。同様に、

　2021 年度：84 ÷ 30 ＝ 2.8
　2022 年度：95 ÷ 34 ≒ 2.8

となるので、2023 年度も 2.8 倍になると推測できる。

　したがって、2023 年度の東北支局営業部の人数は、

　112 ÷ 2.8 ＝ 40 人

　同様に、システム管理部についても比率を見てみると、

　2020 年度：35 ÷ 14 ＝ 2.5
　2021 年度：25 ÷ 10 ＝ 2.5
　2022 年度：20 ÷ 8 ＝ 2.5

となるので、2023 年度も 2.5 倍と推測できる。

したがって、システム管理部の人数は、
30 ÷ 2.5 ＝ 12 人

		2020	2021	2022	2023	
東海支局	営業部	98	84	95	112 ←	2.8 倍
	システム管理部	35	25	20	30 ←	2.5 倍
東北支局	営業部	35	30	34	? •	
	システム管理部	14	10	8	? •	

問題12　正解：750 円　問題
本冊 P.128

　梱包形態に違いがあるが、枚数が多ければ1枚あたりの金額が安くなることは推測できる。そこで、1枚あたりの金額を比較してみると、
20 枚：100 ÷ 20 ＝ 5（円 / 枚）
100 枚：160 ÷ 100 ＝ 1.6（円 / 枚）
2,500 枚：3,500 ÷ 2,500 ＝ 1.4（円 / 枚）
5,000 枚：6,000 ÷ 5,000 ≒ 1.2（円 / 枚）
　購入枚数ごとに1枚あたりの価格を計算すると、以下のようになる。つまり、枚数が多くなれば単価が安くなっている。すると、500 枚の購入では単価が 1.4 円より高く、1.6 円より安いと推測ができる。

販売枚数	20	100	500	2,500	5,000
価格（円）	100	160	?	3,500	6,000
1 枚あたりの価格（円）	5	1.6	?	1.4	1.2

　よって 500 枚の価格は、
1.4 × 500 ＝ **700**（円）より高く、
1.6 × 500 ＝ **800**（円）より安い
と推測できる。つまり、700 円を超えるが、800 円未満である。
　選択肢では、この範囲にある金額は **750 円**以外にない。

問題13　正解：165,312 円　問題
本冊 P.129

　表からは開店の第1週から第6週までの総来店者数の減少に伴って、各商品分野の売り上げも減少しているのがわかるので、売り上げは総来店者数と関係があることが推測できる。
　問われているのは日配食品の売上金額なので、日配食品の売上金額と

総来店者数の関係を調べてみる。そこで、来店者1人あたりの日配食品の売上金額を計算する。計算式は、

来店者1人あたりの売上金額（客単価）＝売上金額÷総来店者数

各週の来店者1人あたりの売上金額は下の表のようになる。

	第1週	第2週	第3週	第4週	第5週	第6週
日配食品	208,485	197,169	181,056	179,580	169,371	?
総来店者数（人）	1,695	1,603	1,472	1,460	1,377	1,344
来店者1人あたりの売上金額	123	123	123	123	123	

来店者1人あたりの売上金額（客単価）＝売上金額÷総来店者数

第1〜5週の日配食品の来店者1人あたりの売上金額は123円であることがわかる。したがって、第6週も123円と推測できる。

売上金額＝客単価×総来店者数なので、

売上金額（第6週）＝ 123 × 1,344 ＝ 165,312 円

となる。

問題14　正解：31,760 台　問題本冊 P.130

日本メーカー車の輸入乗用車新車登録数を年ごとに見ても規則性が見当たらない。そこで、輸入乗用車総計に占める日本メーカー車の割合を調べてみる。割合の計算式は、

輸入乗用車総計に占める日本メーカー車の割合
＝日本メーカー車÷輸入乗用車総計

これを各年に当てはめて計算すると、

2009 年：3,561 ÷ 29,654 × 100 ≒ 12.01％

2010 年：3,578 ÷ 27,523 × 100 ≒ 13.00％

2011 年：4,283 ÷ 30,562 × 100 ≒ 14.01％

となり、日本メーカー車の割合が毎年約 1.0％増加していることがわかる。

つまり、2012 年には 15.0％となることが推測できる。

したがって、2012 年の日本メーカー車 4,764 台が輸入乗用車総計の15％にあたるので、輸入乗用車総計を x とおくと、

$x × 0.15 = 4,764$

$x = 31,760$

よって、2012 年の輸入乗用車総計は 31,760 台となる。

【計数】表の穴埋め

問題11〜14

　キャベツの生産量の推移自体からは何らかの法則性は見出せない。表には他に3種類の農産物の生産量の推移が示されているので、それらをキャベツの生産量の推移と照らし合わせて推測する必要がある。

　キャベツの生産量は、2017年は前年に比べて減少、2018年は増加、2019年は減少している。これと同じような推移を示しているのは、レタスのみであることが表から読み取れる。

		2016年	2017年	2018年	2019年	2020年
キャベツとレタスの生産量は同じような動きをしている	じゃがいも	5.6	5.3	4.9	4.8	4.6
	キャベツ	8.9	6.9	10.4	8.5	？
	レタス	4.1	3.2	4.8	3.9	5.0
	りんご	1.5	1.6	1.9	1.4	1.2

　そこで次に、キャベツとレタスの生産量の対前年変化率（％）を、
（当年の生産量－前年の生産量）÷前年の生産量×100
より求めてみる。計算結果（小数点以下第2位四捨五入）は次の表のようになる。

	2017年	2018年	2019年	2020年
キャベツ	−22.5％	+50.7％	−18.3％	？
レタス	−22.0％	+50.0％	−18.8％	+28.2％

　2017年から2019年までのキャベツとレタスの対前年変化率はほぼ同じであることがわかる。2020年のレタスの対前年変化率は＋28.2％なので、キャベツについても＋28.2％（＝＋0.282）であると推測できる。
　よって、
　2019年のキャベツの生産量 ×（1 ＋ 0.282）
より、2020年のキャベツの生産量が推測できるので、
　8.5 ×（1 ＋ 0.282）＝ 10.9万 t（小数点以下第2位四捨五入）
となる。

　一般的に小説、児童書、実用書の貸し出し件数に関連性はないことから、あくまでも表から法則性を見つけなければならない。

　それぞれの増減の仕方は一致せず、3分野の合計は

2018 年：2,800 ＋ 500 ＋ 5,000 ＝ 8,300

2019 年：2,800 ＋ 680 ＋ 5,220 ＝ 8,700

2020 年：2,540 ＋ 260 ＋ 4,200 ＝ 7,000

2021 年：2,680 ＋ 200 ＋ 4,320 ＝ 7,200

となり、法則性は見いだせない。

　ただし、合計を出す計算途中で「小説＋児童書が実用書の**半分よりも少し多い**」ことに気がつけば、次のような関係性を導き出すことができる。

2018 年：小説 ＋ 児童書 ＝ 3,300、実用書 ＝ 5,000（5,000 ÷ 3,300 ≒ 1.5）

2019 年：小説 ＋ 児童書 ＝ 3,480、実用書 ＝ 5,220（5,220 ÷ 3,480 ＝ 1.5）

2020 年：小説 ＋ 児童書 ＝ 2,800、実用書 ＝ 4,200（4,200 ÷ 2,800 ＝ 1.5）

2021 年：小説 ＋ 児童書 ＝ 2,880、実用書 ＝ 4,320（4,320 ÷ 2,880 ＝ 1.5）

　つまり、「（小説＋児童書）× 1.5 ＝実用書」が成り立っている。

　したがって、2022 年の実用書の貸し出し件数は、

（2,800 ＋ 360）× 1.5 ＝ 4,740 件である。

　表には販売部数以外に来店者数の推移が記載されている。来店者数と販売部数の推移を照らし合わせてみても、特段の法則性は見出せない。一方、販売部数のみに注目すると、発売初日から次第に販売部数が減っているのがわかる。そこで、販売部数の推移自体に何らかの法則性がないかを調べてみる。

　2日目以降の前日からの部数の変化を計算してみると、次の表のようになる。

	発売初日	2日目	3日目	4日目	5日目	6日目
販売部数（部）	120	95	77	65	58	?
前日からの部数の変化（部）		−25	−18	−12	−7	?

（＋7）（＋6）（＋5）（?）

表からは前日からの部数の変化のマイナス幅が小さくなっていることが読み取れる。どの程度変化したかをみると、＋7、＋6、＋5と推移しているので、この傾向が続くとすれば、次は＋4になると推測することができる。6日目の前日からの部数の変化は、

－7＋4＝－3（部）

になる。

よって、6日目の販売部数は、

58－3＝55部

になる。

問題
本冊 P.134

問題18　正解：83.7 百万円

設問はF店についての改装後の1カ月あたりの平均売上額を求めるもの。そこで、他店が店舗を改装することで1カ月あたりの平均売上額が何倍になったかを計算してみる。計算式は、

改装後の1カ月あたりの平均売上額÷改装前の1カ月あたりの平均売上額

		A店	B店	C店	D店	E店	F店
改装前	1カ月あたりの平均来店者数（千人）	31.0	28.5	41.2	50.8	18.0	34.4
	1カ月あたりの平均売上額（百万円）	68.2	45.6	51.4	55.0	20.8	55.8
改装後	1カ月あたりの平均来店者数（千人）	37.2	34.2	49.44	60.96	21.6	41.28
	1カ月あたりの平均売上額（百万円）	102.3	68.4	77.1	82.5	31.2	?

平均売上額が1.5倍になっている

すると、A店からE店まで平均売上額が、1.5倍になっていることがわかる。F店も同様に1.5倍になると推測でき、

改装前の1カ月あたりの平均売上額 × 1.5
より、改装後の1カ月あたりの平均売上額が計算できる。よって、
　55.8 × 1.5 = 83.7 百万円
となる。

　なお、1カ月あたりの平均来店者数は改装することですべての店舗について1.2倍になっていることがわかるが、ここでは必要ない情報ではない。

問題19　**正解：2,290 百円**　問題 本冊 P.135

　表のだいこんからじゃがいもの予測売上高を見ると、特売日は売上高が上昇していることがすぐにわかる。よって、ここではその上昇の仕方に何か法則性がないか調べてみる。
　そこで、
特売日予測売上高÷通常時の売上高
より、特売日に売上高が何倍になっているか計算してみる。計算結果（小数点以下第3位四捨五入）は次の表のとおり。

	だいこん	にんじん	ごぼう	じゃがいも	さつまいも
特売日売上高の倍率（倍）	2	2.86	5	2.5	?
特売値引率（％）	50	35	20	40	35

特売値引率が高いほど特売日売上高の倍率が低い

　特売値引率と照らし合わせてみると、その値引率が高ければ高いほど特売日売上高の倍率が低くなっているのがわかる。
　さつまいもの特売値引率はにんじんと同じで **35％**。さつまいもの特売日売上高の倍率も **2.86** 倍になると推測できる。よって、
　通常時の売上高 × **2.86**
より、「特売日予測売上高」が計算できる。
　800 × 2.86 = 2,288（百円）
となり、一の位を四捨五入すれば、**2,290 百円**になる。

【計数】表の穴埋め

問題 17 〜 19

Bランチの販売数の増減はAランチの増減の様子とは一致しない。

Cランチは表の1・2月の部分が空欄のため、3月からスタートしたと読み取ることができるが、Bランチと他のランチとの関連性は見えてこない。

	1月	2月	3月	4月	5月
Aランチ	323	348	282	253	234
Bランチ	277	252	197	186	?
Cランチ	-	-	121	161	146

Cランチは1・2月が空欄のため、
3月から開始したと仮定する

このような場合のパターンの一つとして、合計の推移について検討してみる。

各月の合計は、

1月：323 ＋ 277 ＝ 600

2月：348 ＋ 252 ＝ 600

3月：282 ＋ 197 ＋ 121 ＝ 600

4月：253 ＋ 186 ＋ 161 ＝ 600

となるので、5月も合計が 600 であることが推測できる。

	1月	2月	3月	4月	5月
Aランチ	323	348	282	253	234
Bランチ	277	252	197	186	?
Cランチ	-	-	121	161	146

パッと見て、一の位の合計が 10 で
一定となっていることは気がつきやすい

したがって、5月のBランチの販売数は、600 －（234 ＋ 146）＝ 220 である。

【言語】GAB形式

>>> 解答・解説

課題文Ⅰ

問1　正解：C　問題本冊 P.138

　冒頭に、脳にとって世界の成り立ちを知ることは最も深く長続きする「欲望」の対象と書かれているが、脳が情熱をコントロールするかどうかについては**本文では触れられていない。**

問2　正解：A　問題本冊 P.138

　第2段落に「この世で難を受けるからこそ、困ったことがあるからこそ、情熱は生まれる」とある。**第2段落をまとめたもので、正しい。**

問3　正解：B　問題本冊 P.138

　最終段落に「志望する大学に入ったくらいで知の探究をやめてしまうような人は、もともと情熱の総量が足りない」とある。**大学に入って知の探究をやめてしまう人がいるということは、大学に入る以前から知の探究が始まっているということがわかるため、誤り。**

問4　正解：A　問題本冊 P.138

　第1段落には「知る」ことの難しさに触れながらも難しいからこそ希望が増すと書いてある。問2で見たように、困難から情熱は生まれる。また、最終段落に「知的探求も同じだ。そう簡単にわかってしまったり、知り尽くしてしまえるのであれば、そもそも情熱は生まれない」とあることからも、問題文は正しいとわかる。

問 5　正解：C　問題本冊 P.140

　最終段落で、「日本とイギリスの共同研究で提案」とあるが、**イギリスが積極的に対応しているかどうか**については本文では**触れられていない**。

問 6　正解：C　問題本冊 P.140

　最終段落に、「低炭素社会」という概念には、社会や個人の行動や考えの改革まで含めていることが書かれている。ただし、**二酸化炭素の排出削減につながるかどうか**については**触れられていない**。

問 7　正解：A　問題本冊 P.140

　産業社会を変えようとする世界の動きに目を背けていたことが指摘されている。また、第2段落には「成長期：供給力主体の運営」から「成熟期：生活者主体の運営」に変えなければならないとある。よって**正しい**。

問 8　正解：B　問題本冊 P.140

　最終段落に、「日本とイギリスの共同研究で提案されていた『低炭素経済』」とある。その低炭素経済という表現では不十分ということで、「低炭素社会」という概念を日本が世界に発信したとある。よって、**共同研究が発展して生み出されたのではないため、誤り**。

課題文3

問9　正解：A　問題本冊 P.142

　第1段落に「マネジメントとは……その目標を達成していく『プロセス』を意味している」とある。よって正しい。

問10　正解：B　問題本冊 P.142

　第2段落では具体例を挙げて「危機管理」の問題ではないことが書かれている。「日本人は**危機管理が苦手なのではなく管理自体が苦手なのであって、危機的状況になるとそれが『バレる』だけなのである**」と書かれている。よって誤り。

問11　正解：C　問題本冊 P.142

　第2段落ではマスコミが「危機管理」の問題として報じたことが書かれている。ただ、マスコミの報道の論点が違うことを指摘しているのであって、**それがマネジメントの浸透の妨げになっているか**については本文では**触れられていない**。

問12　正解：B　問題本冊 P.142

　最終段落に「マネジメントに相当する日本語がそもそも存在しない」とある。日本語にした時にニュアンスが異なってしまうが、**概念自体は存在している**。よって誤り。

問13 　正解：B 　問題 本冊 P.144

　第3段落に「こうした抽象的な表現は、本人の頭の中に具体的なイメージがあり、単に表現されていないだけならまだ救いはあるのだが」とあり、本人の頭の中で具体的なイメージがあっても、具体的な表現に至らないこともありうることが述べられている。つまり、**ものをしっかりと考えていても、抽象的な表現を使うことはありうる**ことになる。よって誤り。

問14 　正解：B 　問題 本冊 P.144

　最終文に「第三者との共通認識をしっかり持つうえでも、大事なポイントは極力具体的に考え、表現したい」とあるので、**抽象的な思考ではなく具体的な思考が重要である**ことがわかる。よって誤り。

問15 　正解：C 　問題 本冊 P.144

　論理展開を緻密にするには具体的に考えることがポイントとなることは文脈上から読み取れるが、**問題の解決策が見つかるかどうかは述べられていない**。

問16 　正解：A 　問題 本冊 P.144

　本文は**抽象的な表現では緻密な論理展開ができないため、具体化させることが重要**だという内容。よって正しい。

【言語】IMAGES形式

>>> 解答・解説

課題文Ⅰ

問1　正解：B　　問題 本冊 P.146

　設問文のとおり、第1段落では「フィードバック情報」を不安に悩む人に与えると、かえって不安を増大する可能性があると述べられている。しかし、本文は第1、第2段落で「フィードバック情報」について2つの意見を述べたもので、**設問文は一方の意見を述べたものにすぎず、最も主張したいことではない。**

問2　正解：B　　問題 本冊 P.146

　第2段落の第1文で、ある程度不安軽減の方法を持ち合わせている人の場合には「フィードバック情報」が不安軽減を促進することがあるとしている。すなわち、不安軽減の方法を持ち合わせている人にとって「フィードバック情報」は有益であることになる。しかし、ここでも問題文は**本文での2つの意見のうち一方の意見を述べたものにすぎない。**

問3　正解：C　　問題 本冊 P.146

　本文は、「フィードバック情報」が不安に悩んでいる人にどのような影響を与えるのかについて述べられたものなので、**設問文にあるようなことは述べられていない。**

問4　正解：A　　問題 本冊 P.146

　本文は2つの段落から構成されている。第2段落冒頭の「一方」ということばに注目すると、第1段落と第2段落にはそれぞれ違った意見が述べられていることがわかる。第1段落では「フィードバック情報」を

不安に悩む人に与えると不安を増大しかねないと述べられ、第2段落では不安軽減の方法を持ち合わせている人に「フィードバック情報」を与えると不安軽減を促進すると述べられている。設問文はこの2つの見方を併記したものになっているので、これが**本文の趣旨**となる。

課題文2

問5　正解：A
問題 本冊 P.148

　「想起しやすさヒューリスティクス」についての文章。そのことばの意味は本文に書かれているように、「人間が判断するさいに、心に思い浮かびやすい類例や記憶の鮮明さに過度に依存してしまうこと」。文章の構成としては、まず、第1段落でその「想起しやすさヒューリスティクス」とはどのようなものかが述べられている。それより後では第2段落冒頭の「たとえば」という接続詞からもわかるように、「想起しやすさヒューリスティクス」についての例が示され、航空事故が取り上げられている。よって、**第1段落が主題**であり、設問文はその内容に近いものになっている。

問6　正解：B
問題 本冊 P.148

　第3段落に「事故で怖いのは、頻度からいえば、飛行機ではなく自動車のほうである」とある。しかし、これは**筆者が最も訴えたいことの事例を説明する上で挙げた事実**にすぎない。

問7　正解：C
問題 本冊 P.148

　第1段落で「我々は……実際の統計的根拠とは無関係に、根拠の薄弱な経験だけに頼りすぎてはいないだろうか」としている。すなわち、設問文のような考え方に対しては**疑問を呈している**。

問8　正解：B
問題 本冊 P.148

　設問文は「想起しやすさヒューリスティクス」の事例として第2、第3段落で述べられている。しかし、これも**筆者が最も訴えたいことの例として挙げたもの**にすぎない。

問 9　正解：B　問題 本冊 P.150

　本文は「標準世帯」について述べられている。文章の構成としては、第1、第2段落で「標準世帯」を説明したうえで、第3段落以降で「標準世帯」が批判的に述べられている。第2段落で「『標準世帯』は、年金制度の設計や住宅の間取りを決める基礎的前提となっていた」として、設問文にあるように「標準世帯」は年金の制度設計において基礎的前提であることが述べられている。しかし、**筆者が最も訴えたいところは「標準世帯」を批判的に述べているところになる。**

問 10　正解：B　問題 本冊 P.150

　全世帯に対する「標準世帯」の割合は、第3段落で1970年に41.2％、2005年に29.9％になり、2030年には21％まで減っていく見込みであると述べられている。しかし、これは**「標準世帯」を批判的に見るための事実として挙げられたものにすぎない。**

問 11　正解：A　問題 本冊 P.150

　筆者が最も訴えたいところは、**第3段落以降の「標準世帯」が批判的に述べられているところになる。**とりわけ、第4段落最後の文で「**実態とかけ離れた『標準世帯』を、もはやモデルと呼ぶのは困難だ**」としている。**設問文はこの趣旨と同様。**

問 12　正解：C　問題 本冊 P.150

　第4段落で「単身世帯」は2005年に「標準世帯とほぼ同数」であり、2030年には37.4％にまで膨らむとしており、**「単身世帯」が「標準世帯」の割合を超えることは確か。**だが、どちらが重要か、または多い方が重要であるという論旨は本文にはない。よって、**この長文とは関係がない。**

問13 正解：C
問題
本冊 P.152

　第1段落に「外国の人々は"場"の空気や常識といったものをさして重視していない」とあり、理解できないとまでは書いていない。したがって、この**長文とは関係ないことが書かれている**といえる。

問14 正解：A
問題
本冊 P.152

　前半では日本人が"場"を重んじてきたと書かれている。後半は今の若い世代についての同質性に敏感だと書かれているが、これも最終行で「結局、それだけ"場"の力学を感受しやすい体質になっている」とあり、「"場"を重視している」ことが導ける。**全体を通して1つの内容を説明しており、これが趣旨ととらえられる。**

問15 正解：B
問題
本冊 P.152

　最終段落に「彼らが得意なのは、協調することではなく、同質化だ」と書かれており長文の内容とは一致するが、これは若い世代も「"場"の力学を感受しやすい体質になっている」ことを補うものであり、**趣旨とはいえない。**

問16 正解：C
問題
本冊 P.152

　第3段落に「協調性」とはやや意味合いが違うことが示されており、この**長文とは関係ないことが書かれている**といえる。

【言語】趣旨把握形式

>>> 解答・解説

問題Ⅰ 正解：D 問題 本冊 P.154

A 　第1文と一致するので、内容は筆者の見解と合っている。しかし、少子化よりも子どもの教育が問題だということで、**子どもの教育のあり方に論が進んでいる**ので、Aの選択肢の内容が**最も訴えたい内容ではない**。

B 　子育てをきちんとしようとしない共同体については本文の中で特に言及がない。**本文で述べられていない内容**なので、Bは**最も訴えたい内容ではない**。

C 　最終段落に「子どもたちだけで遊んでいるのは、親がつきっきりで面倒をみるのに比べたら、乱暴な育て方だ。いまではそう思っている母親が多いのではないかと思う。私はそれは逆ではないかと思う」とあり、著者は母親のみが子育てをする方法を疑問視しているが、**母親のみに子育ての責任がかかっている現状に問題がある**とまでは述べていない。また仮に現状に問題があるとしても、そのことを最も訴えたいわけではなく、子どもの教育のあり方として、**子ども同士の集団の中で育つべきというのが訴えたい内容**である。したがってCも**正解ではない**。

D 　正しい。最終文に「子どもの集団のなかで育つほうが、じつは右に述べたように、ていねいに育っているのかもしれないのである」とあり、**著者の訴えに最も近い**。

A 　筆者の主張であるので、これが正しい。

B 　第１段落で「それらは個人の教養に過ぎず、教養概念の一部分でし
　かない」とあるが、さらに筆者は教養概念について新たな定義を述べ
　て論を展開している。よって、Bが最も訴えたい内容とはいえない。

C 　筆者は、人類の成立以来の伝統的な生活態度に教養の意義を見出し
　ており、文字のない時代における教養の存在を否定していない。した
　がって、Cの選択肢は内容として間違っている。

D 　第１段落で「『教養がある』人とは多くの書物を読み、古今の文献に
　通じている人を指すことが多かった」とあるが、ここでの教養は教養
　概念の一部分にすぎないとしており、最も述べたい内容とはいえない。

A 　「僕たちは『未来』のことも、今の延長線上にあるものだと思って
　しまっている。でもそれでは単なる予定であって、本当の意味での『未
　来』とは言えません」と本文後半にあるので、筆者の論旨に合致するが、
　これが最も訴えたい内容とはいえない。本文最終段落にある「やはり
　『空白』こそが『希望』の母なのです」以降の論旨が最も訴えたい内
　容として適切である。

B 　筆者の主張であるので、これが正しい。

C 　大人になると「空白」のときがほとんどなくなることは述べられて
　いるが、これが筆者の最も訴えたい内容ではない。

D 　第５段落に「もし、今僕たちが『希望』を持てていないとすると、
　それは僕たちがあまりにも『未来』を知りすぎているからかもしれま
　せん」とあるので、筆者の論旨には合致するが、それが最も訴えたい
　内容ではない。

【英語】GAB形式

>>> 解答・解説

【本文意訳】

　最初のIQテストは、フランス人心理学者のアルフレッド・ビネーによって1905年に開発された。彼は精神障害をもった学生にはこなすことのできない課題を、標準的な学生がこなすことを観察することでこのテストを開発したのだ。その後彼は、異なる年齢ごとの学生の、標準能力がどのくらいであるかを推測した。フランス政府は特別支援学校に入れるべき生徒を振り分けるためにビネーのテストを使いたがったが、個人の知的指数をテストするということは巨大な産業になった。ビネーは当時、自身の尺度には制限があることを率直に述べていた。彼は知能が遺伝子のみに基づくものではなく、環境に影響されるであろうことを強調していた。事実、IQテストは変動性があることを前提としており、IQテストは一般化できるものではないとビネーは思っていた。ビネーは研究を重ね、精神的な尺度も開発した。今日、数多のIQテストが軍の入隊時や入学試験、就職の応募者相手にすら使われている。

【選択肢の訳文】

A：本文に記述されている情報や主張から、設問文は明らかに正しい。または論理的に導くことができる。

B：本文に記述されている情報や主張から、設問文は明らかに間違っている。または論理的に導くと反対のことが書かれている。

C：さらに情報がなければ、設問文が正しいか間違っているか、または論理的に導けるかどうかいえない。

本文中に「精神障害をもった学生にはこなすことのできない課題を、標準的な学生がこなすことを観察することで」とあるので**明らかに誤り**である。

【設問文の訳文】アルフレッド・ビネーは、標準的な学生と精神障害をもった学生が同じ課題に取り組み、同じ結果を出すことができることを観察した。

本文中に「フランス政府は特別支援学校に入れるべき生徒を振り分けるためにビネーのテストを使いたがった」とあるので**誤り**である。

【設問文の訳文】標準的な生徒は特別支援学校へ行くことができるように、フランス政府がテストを用いた。

本文中に「今日、数多の IQ テストが軍の入隊時や入学試験、就職の応募者相手にすら使われている」とあるので**明らかに誤り**である。

【設問文の訳文】IQ テストが一般的になることはなかった。

課題文 2
【本文意訳】

　アメリカ人はなぜ、ハロウィンにカボチャをくり抜き、コスチュームを着てキャンディーを求めるのだろうか？

　アイルランドとスコットランドにおいて、ケルト人は千年以上の昔、10 月 31 日にサムハインの休日を祝った。それは、冬のはじまりを示している。人々は巨大なたき火を灯し、こっけいなマスクや衣装を身につけてごちそうを食べ、彼らの先祖である死者のために食事を残した。それは、死んでしまった最愛の人を迎える日で、日本のお盆に似ている。

　カボチャをくり抜いたりキャンディーを求めたりすることは、「けちんぼジャック」の伝説に由来する。アイルランド人男性のジャックは、悪魔にウイスキーを奢ると言ったものの、決して支払いをしなかった。

ジャックの死後、悪魔は彼に、道を照らすためのカブをくり抜いたランタンだけを頼りに、永遠に地球上をさまよい歩くよう呪いをかけた。

　このことから、アイルランドの子どもたちはカブをくり抜いたランタンを作り「ジャック・オー・ランタン」と呼び、それを運びながら 10 月 31 日に「魂のケーキ」を求めて人々の家を巡り歩くようになった。アメリカでは、アイルランドからの移民によって、より入手しやすく、大きく、くり抜きやすいことから、カブがカボチャに変わったのだ。

問 1　正解：C　問題本冊 P.162

　異教徒についての話は述べられていないので、本文の内容だけでは正しいか間違っているか判断できない。
【設問文の訳文】異教徒はキリスト教徒より後に来た。

問 2　正解：A　問題本冊 P.162

　サムハインの休日については第 2 段落に書かれてあるが、第 2 段落の最後に「死んでしまった最愛の人を迎える日で、日本のお盆に似ている」とあるので正しい。
【設問文の訳文】サムハインの休日、人々は亡くなった先祖のことを思う。

問 3　正解：B　問題本冊 P.162

　第 3 段落に「『けちんぼジャック』の伝説」とあるのでフィクションである。よって誤りである。
【設問文の訳文】「けちんぼジャック」の話は本当である。

課題文 3
【本文意訳】

　1902 年、ローズヴェルトはミシシッピ州でクマ狩りをしていた。狩猟の一団は、狩猟犬が年老いたクマを捕まえてケガをさせたとき、とても疲れて、やる気をなくしてしまった。すると、狩りの案内役は、ローズヴェルトがクマにとどめの一発を撃ちやすいよう、年老いたクマを木に括り付けた。ローズヴェルトは、これはスポーツマン精神に反すると言って断ったが、クマを傷の苦しみから逃すために殺させた。

政治漫画家はこの話を聞いて、新聞に漫画を掲載した。しかし年老いたクマを描く代わりに、漫画家はローズヴェルトが小さくてかわいい子グマを救う様子を描写した。

ニューヨークのおもちゃメーカーがこの漫画を見て小さなクマのぬいぐるみを作り、それを「テディベア」と呼ぶことに対しローズヴェルトに許可を求めた。ローズヴェルトは了承し、これまでで最も人気の高いおもちゃのひとつが誕生したのだ。

問 1 　正解：C 　問題 本冊 P.164

ローズヴェルトが自然が好きかどうかについての話は述べられていないので、**無関係**である。
【設問文の訳文】ローズヴェルトは自然が好きではなかった。

問 2 　正解：A 　問題 本冊 P.164

第 1 段落に「狩りの案内役は、ローズヴェルトがクマにとどめの一発を撃ちやすいよう、年老いたクマを木に括り付けた」とあるので**正しい**。
【設問文の訳文】狩りの案内役はローズヴェルトの狩猟を成功させたいと思っていた。

問 3 　正解：B 　問題 本冊 P.164

第 2 段落に「漫画家はローズヴェルトが小さくてかわいい子グマを救う様子を描写した」とあるので**明らかに誤り**である。
【設問文の訳文】漫画は、年老いて傷ついたクマが木に括り付けられている様子を描いていた。

課題文 4
【本文意訳】
パンケーキは世界中の多くの人々が注文する朝食の定番になったが、レストランで提供されるホットケーキに人々がかける「メープルシロップ」は、実際のところ高果糖のコーンシロップと水、カラメル色素、セルロース、安息香酸ナトリウムの混ぜ合わせである。純粋なメープルシロップは含まれていないのだ。

　純粋なメープルシロップはカナダ（世界中の供給量の80％をになっている）とアメリカ北東部で生産されている。カエデの木はいたるところに生えているが、「メープルシロップを甘くするのに最適な時期」に完璧な気候でなくてはならない。この時期は、2月後半から4月いっぱいまで続く。この時期の気候は、夜間は凍えるほど寒く、日中は木から樹液を集められるように雪が溶けるほど暖かくなくてはならない。

　1ガロンのメープルシロップを作るために50ガロンにおよぶ樹液を必要とすることから、純粋なメープルシロップは値段が高い。また、生産過程に時間がかかることも一因である。樹液は一滴ずつ集められ、その後そこから水が蒸発させられる。

　健康的でおいしい（栄養的に十分な量の亜鉛とマンガンを含む）本物のメープルシロップは、パンケーキ（やその他の食事）をよりおいしくする。

問1　正解：A　問題本冊P.166

　第2段落に「「メープルシロップを甘くするのに最適な時期」……2月後半から4月いっぱいまで」とあるので正しい。
【設問文の訳文】メープルシロップを甘くするのに最適な時期は春である。

問2　正解：A　問題本冊P.166

　第2段落に「純粋なメープルシロップはカナダ（世界中の供給量の80％をになっている）……で生産されている」とあるので明らかに正しい。
【設問文の訳文】カナダは、世界における純粋なメープルシロップの生産の80％を占めている。

問3　正解：B　問題本冊P.166

　第3段落に「1ガロンのメープルシロップを作るために50ガロンにおよぶ樹液を必要とすることから、純粋なメープルシロップは値段が高い」とあるので明らかに誤りである。
【設問文の訳文】純粋なメープルシロップは生産が簡単で、お金もかからない。

【英語】IMAGES形式

>>> 解答・解説

課題文 I

【本文意訳】

　日本の福島における原子力発電所の事故後、多くの国々が自国のエネルギー政策を見直した。同時に、ヨーロッパでは石炭の消費が急激に上昇し、特にアメリカからの石炭の輸入量は激増した。

　ひとつ目に、石炭はその他の資源の安価な代替品である。石炭は世界のエネルギー需要の４分の１を満たしており、世界の供給電力のおよそ40％を生成している。加えて、世界中の鋼鉄生産量の約70％が、石炭を燃やすことで発生する熱に依存している。したがって、石炭は原子力に比べてリスクが少なく、石油やガスに比べて扱いやすく安価なエネルギー源なのだ。ふたつ目に、アメリカは石炭よりさらに安いシェール油を発掘するための新たな技術を開発することができたので、それによって石油生産を拡大した。アメリカが豊富な石炭を海外へ輸出したがるのも不思議ではない。

　しかしながら、それにはネガティブな側面もある。化石燃料から排出される二酸化炭素の世界中の排出量のうち、40％が石炭に起因する。さらに石炭は、石油に比べてエネルギー単位あたりおよそ３分の１も多くの二酸化炭素を排出し、天然ガスと比べても70％も多くの二酸化炭素を排出する。

問 I	正解：A	問題 本冊 P.168

　第２段落の第４文に**石炭は安価なエネルギー源である**と記されている。

【設問文の訳文】なぜヨーロッパはアメリカから多くの石炭を輸入するようになってきたのか。

【選択肢の訳文】

A　石炭は石油や天然ガスよりも安価なので。

B　石炭は精製するのが容易なので。

C　石炭は大量の熱を産出するので。

D　石炭はヨーロッパ中で採掘されているので。

E　石炭は輸送するのが容易なので。

問2　**正解：B**　問題
本冊 P.168

　第2段落の第2文に、およそ4分の1とある。

【設問文の訳文】石炭は世界のエネルギー供給の何％を担っているか。

【選択肢の訳文】

A　およそ70％

B　およそ25％

C　40％超

D　20％未満

E　およそ80％

問3　**正解：E**　問題
本冊 P.168

　第3段落で**石炭の燃焼は、二酸化炭素の排出が多い**ことが説明されている。

【設問文の訳文】石炭の消費における問題点は何か。

【選択肢の訳文】

A　石炭は人間の健康に有害な影響を及ぼす。

B　石炭は世界的なエネルギー消費を拡大させる。

C　石炭は天然ガスとの競争になる。

D　石炭は世界の石油相場をつり上げる。

E　石炭は大量の二酸化炭素を排出する。

【本文意訳】

　『アメリカ医学会誌』の中の研究によると、肥満体型の人々にとって朗報があるらしい。研究結果によると、肥満の人は標準体重の人よりも早死にする確率が低いと述べられているのだ。医療専門家は死亡率とボディマス指数（BMI：体重÷身長^2）——肥満を測定する方法——を比較するために、290 万人に及ぶ 97 の研究を行った。標準的もしくは健康的な BMI の数値は、18.5 と 25.0 の間である。

　しかしこの報告によって、標準より少し体重が超過している人々（BMI25 〜 30）は BMI 数値が標準の人々より 6 ％も早死にする確率が低いことが明らかになった。さらに、軽度の肥満の人々（BMI30 〜 35）は健康的な BMI 数値の人々と同程度の寿命だといわれている。考えられるひとつの説明としては、太りすぎの人々は自身の健康を意識しており、医療を受けることに積極的であることがいえる。結果として、小さな病気を発症したとき、人々は自身の健康に、より気を配るということなのかもしれない。一方で、報告はその他の医療専門家からの激しい批判も受けた。なぜなら彼らは、肥満は明らかにさまざまな病気を招くと主張しているからである。こうした批判によると、肥満の人々は太っていることをさほど悪いことと考えていない可能性があるのだ。批判を口にした医療専門家のひとりは、これを「完全なでたらめ」と呼んだ。

問 1　　正解：B　　　問題 本冊 P.170

　第 1 段落の最後に定義があり、**肥満を測定する指標である**と書かれている。なお、ボディマス指数は、一般的には身長と体重および体脂肪の量を考慮し、どれくらい肥満気味かを判断するひとつの目安。

【設問文の訳文】ボディマス指数（BMI）とは何か。

【選択肢の訳文】

A　寿命を予測する基準。

B　成人の身長と体重に基づき体脂肪を測定する指標。

C　健康的な生活習慣を測定する指標。

D　最適な体重を算出する基準。

E　カロリー消費を測定する指標。

　第2段落の初めのほうに軽度の肥満の BMI 数値が括弧内に記されているので、この数値の範囲内に該当するものを選ぶ。

【設問文の訳文】「軽度の肥満の人々」に当たる BMI はどれか。

　第2段落後半に、報告を徹底的に否定した意見が紹介されているので**賛否が分かれたということが読み取れる。**

【設問文の訳文】他の医療研究者は、この報告にどのような反応を示したか。

【選択肢の訳文】

A　研究者は全体的に報告を肯定した。

B　BMI の定義をめぐり論争があった。

C　多くの医療研究者は結果を支持したが、統計学者は批判した。

D　報告に疑問を投げかける専門家もいた。

E　本文で与えられた情報からは結論が出せない。

【英語】 I M A G E S 形式　課題文2

【本文意訳】

　ユネスコの世界遺産に登録されている物件数は、930 件を超え、まもなく 1,000 に達するというところである。それぞれの登録地を説明するさまざまなガイドブックや写真集が出版されているが、これほど多くの登録数は、ユネスコ加盟国からの分担金を配分する世界遺産基金に過度の負担を強いている。

　加えて、登録をめぐるあまりにも多くの申請が、世界遺産としての条件や適性において、しばしば論争を巻き起こしている。多くの加盟国は、世界遺産に登録されることでその場所を国家の資産として売り込み、より多くの観光客を呼び寄せようとしている。これは、政府や地元の人々が大規模な登録運動を行う理由である。しかし皮肉なことに、登録数が上がるにつれて、世界遺産の威信は弱まっていくだろう。

　別の批判は、ユネスコが文化的にヨーロッパと北アメリカに偏っているということを述べている。ヨーロッパと北アメリカは、全登録物件の48％を占めているのだ。イタリアは登録数がもっとも多く（47 件）、次いでスペイン（43 件）、中国（41 件）、フランス（37 件）、ドイツ（36 件）となっている。対して、アフリカや中東の国々で世界遺産に登録されている物件は少ないのだ。

※本文で述べられている世界遺産登録の物件数は、執筆当時のものです。

問 1　正解：A　　問題 本冊 P.172

　第 1 段落最終部に**ユネスコ加盟国からの分担金を配分する**とある。
【設問文の訳文】 ユネスコはどのように世界遺産基金を維持しているか。
【選択肢の訳文】
A　加盟国が分担金を支払う。
B　先進国が基金の大半を寄附する。
C　観光客の払った入場料が基金のために集められる。
D　個人献金と加盟国の分担金とが合わせられる。
E　国連がユネスコに特別予算を与えている。

問2　正解：E　問題本冊 P.172

第2段落に、**各国は多くの観光客を呼び寄せようとしている**とある。

【設問文の訳文】なぜ多くの国が、自国の国宝を世界遺産に登録してもらおうとするのか。

【選択肢の訳文】

A　各国は歴史的に重要な建造物を保護したがっている。

B　各国は世界遺産の登録地を開発するために投資をしたがっている。

C　各国は世界遺産への登録で国の知名度が高まるだろうと期待している。

D　各国は登録地の保全のために観光客が寄附をしてくれることを期待している。

E　各国は世界遺産を訪れるより多くの観光客を惹き付けたがっている。

問3　正解：D　問題本冊 P.172

第3段落から登録数の順位は明らかである。

【設問文の訳文】世界遺産の登録数で第2位に入る国はどれか。

【選択肢の訳文】

A　フランス

B　イタリア

C　中国

D　スペイン

E　ドイツ

【本文意訳】

　およそ 10 年前、しわの寄らないシャツがアイロンがけの手間を省くとして、多忙なビジネスパーソンの間でヒットした。そして現在、中国の科学者たちは、自洗性のある綿の布地を開発した。これによって近い将来、洗濯の必要はなくなるかもしれない。

　科学者たちは、二酸化チタン——有機汚染物質を分解するのに効果的な触媒として知られている化学物質——を用いた。この物質はすでに、「きれいさを保つキッチン」や「臭いのしない靴下」といった商品に適用されている。しかし開発者たちは、自洗性の能力が紫外線にあたった時のみ活性化するという問題を乗り越えなくてはならなかった。そのため、彼らは、二酸化チタンの粒子を布地に浸透させるために、二酸化チタンと窒素を調合したナノ粒子を作り上げた。

　ある実験において、オレンジのシミが付いた布地が洗剤を使わず水のみで洗われ、天日に干された。6 時間太陽の下にさらされた後、シミの約 99％は落ちていた。

問 1　正解：D　問題 本冊 P.174

　第 1 段落の初めに、アイロンをかける必要がないと書かれているので、**手入れが楽であることが理由である。**

【設問文の訳文】 しわの寄らないシャツはなぜ人気が出たのか。

【選択肢の訳文】

A　他のシャツより安価なので。

B　着用したとき軽いので。

C　汚れないので。

D　手入れが容易なので。

E　よい香りがするので。

第2段落冒頭に、**汚染物質を分解するのを促進する**と書かれている。

【設問文の訳文】二酸化チタンの主な役割は何か。

【選択肢の訳文】

A　二酸化チタンは、風に反応する。

B　二酸化チタンは、大気中に新たな物質を生成する。

C　二酸化チタンは、繊維のしわを取り除く。

D　二酸化チタンは、繊維を強化する。

E　二酸化チタンは、汚れを分解するのを助ける。

問3 ┃ 正解：C ┃ 問題
本冊 P.174

第3段落に、**6時間干した**と書かれている。

【設問文の訳文】汚れを落とすために、布地はどのくらいの間、太陽の下で干されるべきか。

【選択肢の訳文】

A　1時間未満

B　2時間

C　6時間

D　10時間

E　約1日

「受検慣れ」が Web テスト攻略のカギ！

●第一志望の企業の選考前に「受検慣れ」しておく

Web テストは準備して臨んでも1回目の受検では力を出し切れないことがよくあります。「受検慣れ」「画面慣れ」をするためにも、第一志望の企業の受検前に何度か Web テストを受検しておき、試験に慣れておくとよいでしょう。

具体的な方法としては、志望度が高くなくても選考が早い企業にエントリーしておくことで、Web テストの受検回数を増やすことができます。

● Web テストは解き方を覚えて復習を繰り返す

Web テストは、出題側がストックしている大量の問題から出題されますので、同一の問題にあたることはあまり期待できません。ただ、2回目以降の受検の際に「似たような問題」と感じることはよくあります。これは、出題される問題がある程度パターン化されているため、解き方を覚えれば対策がしやすいテストだからです。

本書などで似たような問題について復習をしておくと、2回目以降の受検時には、正解率が上がるだけでなく、「時間の節約」をすることもできます。

MEMO

本書で扱っている問題は、
本番を想定した問題ばかり！
間違えた問題は繰り返し解いて、
慣れておきましょう。